銀河史[上]

プレアデスの繁栄と衰退

先端技術研究機構

ヒカルランド

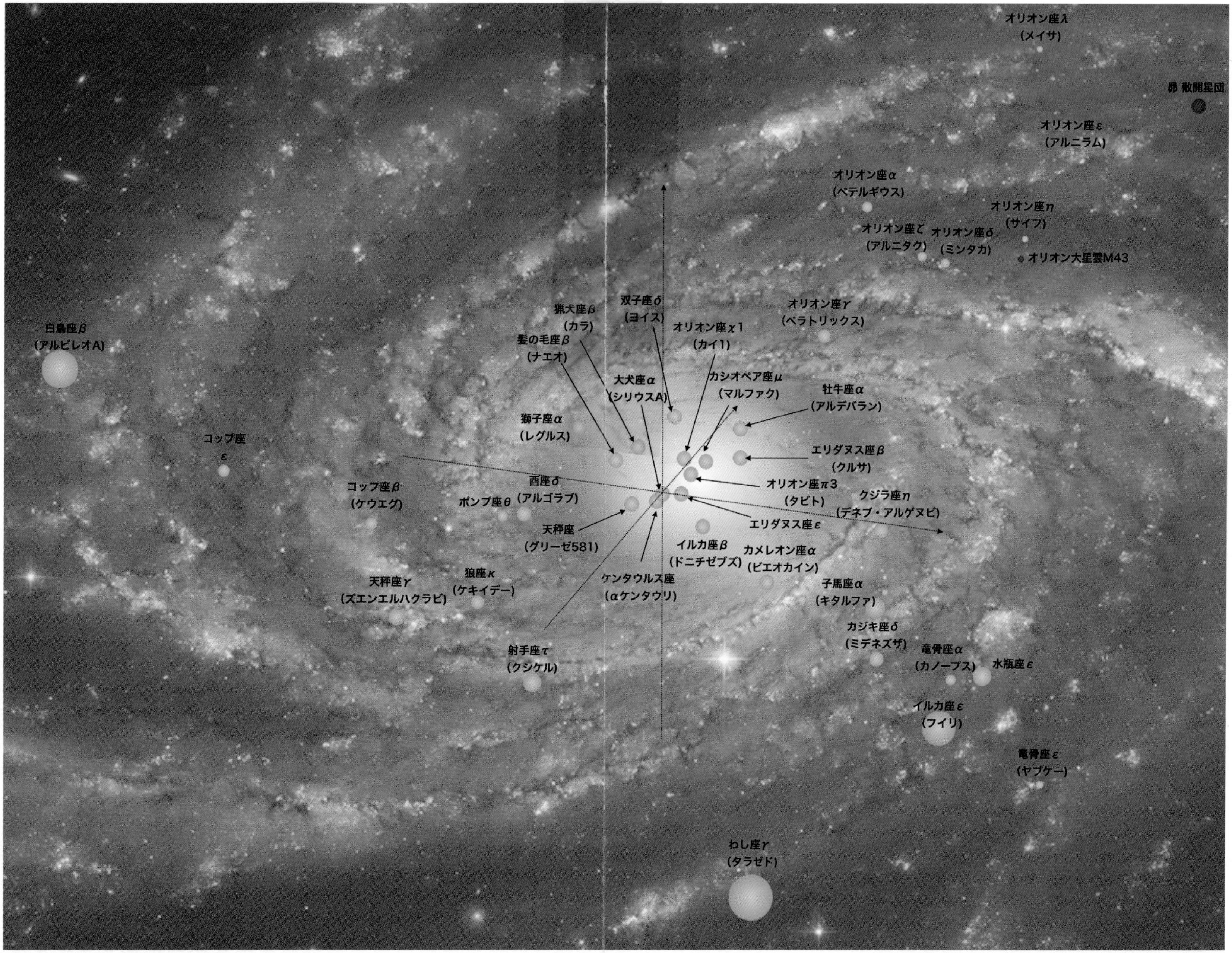

銀河史（上）に登場する天の川銀河系恒星配置図

読者の皆様に知っていただきたいことは、宇宙真理と、
真実の歴史と、正確な宇宙情報と、正確な神界情報と、
そして正しい科学である。
地球の運動寿命はもう決して長くはない。
次元アセンションで宇宙に出るとか、
ロケットで火星へ脱出するとか、
西洋人のような稚拙な考え方は捨てて、
正しい科学を発達させ、
宇宙船で他星へ移住していただきたいものである。

この銀河内で起こる戦争の勝敗は、
その「人間の女神」を獲得するか否かで
定まってしまうというシナリオがある。
相手が強い弱いは無関係、
女神を擁してその力を駆使したほうが勝ち。
この法則は地球においても同様に働く。
この銀河において、そもそも戦争とは、
創造主が画策する「ザ・ゲーム」だったのである。

はじめに

本書は、我々が属する天の川銀河系の主要な歴史を記したものである。

この大宇宙において、ここ地球は〝聖地〟として創造主や神々に守護されてきた星であり、そしてここに住む地球人もまた、創造主や神々に守護されてきた民族である。

守護とは手厚く保護されているという意味だが、とりもなおさず囲われ閉ざされているという側面があり、ゆえに銀河に関する情報の一切を遮断されてきた。そのため天の川銀河系に属する人間にとっては常識であるはずの宇宙常識や銀河情報を地球人のみが知らないまま現在に至っている。これらの情報は、宇宙空間で生命を存続させるにおいて必知の情報である。

いま、地球人には、宇宙空間に出ていかなければならない時期が急迫している。

その準備として、銀河人類ならば必ず知っている宇宙常識を修得し「地球人」から「銀河人」になる必要がある。そのために、この本を著す。

本書を読み進めるにあたっては「宇宙生命論」を理解しておく必要がある。宇宙生命論とはこの「物質世界」と「アストラル世界」の両方を網羅し解説する科学論のことで、宇宙共通の基礎知識でもある。これについては前著『ソロンとカリン　龍神物語』に詳しくまとめている。『ソロンとカリン　龍神物語』は、我々の大宇宙の天体構成や、生命体の発生などを、本書にも多用している専門用語集付きで解説しているので、本書で不明な語句や概念に遭遇した際には字引的に活用しながら読み進めていただきたい。

なお本書は前著同様、創造主を引き継いだ筆者が創造主記録に基づいて執筆している。

＊

いまから約2800万年前、我々の天の川銀河系に初めての人類が誕生し、本格的な文明の夜明けが訪れた。

動物（猿）から人間をつくり上げたのは「創造主」と、その派生意識体である「天体神」および「龍神」である。彼らが地を耕して生命環境を用意したからこそ、惑星には生物が芽吹き、動物が誕生して、進化の末に霊長類が出現してきた。その霊長類を「人化《ひとか》（ヒト化遺伝情報を位相バイオンに入力すること）」すると体毛が抜け落ち、頭を持ち上げて、二足歩行を行う人類が発生してくる。

生物も動物も人間もたまたま偶然に自然界がつくり出したわけではない。それは歴代の宇宙創造主達が「人間創造マニュアル」に従ってつくり出す精巧な芸術品なのである。残念ながら自然界にはそこまでの器用な能力はない。人間とは自然発生するものではない。

我々の住む大宇宙（メシアA球）の創造主が使う中央回線本管が入力する聖地の銀河系、それこそ宇宙で最初に開拓された我々の銀河系である。創造主記録に基づけば、この銀河系には約400箇所以上の惑星において惑星人類が誕生している。

いまから52万年前、最初に文明を発達させた複数の銀河民族に対し、創造主は「銀河広域指定民族」の認可を与えて宇宙船の建造技術を伝授した。そこから銀河文明の歴史がスタートしたと言ってかまわないだろう。

天の川銀河系内に多数存在する人間をここでは宇宙人と呼ぶが、宇宙人達が学校で習う一般教養としての銀河史によれば、銀河文明の夜明けとも言える「銀河レムリア期」とは、最初に宇宙船を飛ばした52万年前から、プレアデス連合国が銀河連合を築き上げる48万年前までの約5万年間を指している。

この本の内容は、天の川銀河系（単に銀河系ともいう）で実際に起こった史実に基づく歴史であり、プレアデス文明の中心地・牡牛座α《アルファ》星アルデバランの第3惑星テニネ民族の繁栄と衰退の物語である。

そしてそれは同時に、その繁栄を支えた〝女神達〟の物語でもある。

いまから48万2000年前、プレアデス連合国が第二次カシオペア戦争に臨んでいる場面からこの物語は始まる。当時の如来神《にょらいしん》は、着任して間もないヒオル神（天照《てんしょう》如来、ヴィシュヌ神）と、古くから如来を務める〝戦いの神〟シヴァ神（須佐王《すさおう》如来）だった。そしてプレアデスの栄光の陰には、創造主セザナ神が密かに送り込んだ「人間の女神」がいた。

実は、この銀河内で起こる戦争の勝敗は、その「人間の女神」を獲得するか否かで定まってしまうというシナリオがある。相手が強い弱いは無関係、女神を擁してその力を駆使したほうが勝ち。この法則は地球においても同様に働く。この銀河において、そもそも戦争とは、創造主が画策する「ザ・ゲーム」だったのである。

目次

第五章　プレアデス黄金期（女王カヌエ）

第六章　地方都市の発展と堕落

カバーデザイン　櫻井　浩（⑥Design）
カバーイラストレーション　井塚　剛
校正　麦秋アートセンター
本文仮名書体　文麗仮名（キャップス）

第一章　カシオペア戦争

・天の川銀河史初期の二つの大きな戦争
・銀河ファラ王の誕生
・銀河の主人公民族と4人の女神

青き昴《スバル》

朝露に濡れた窓ガラスをつたって一滴の雫がこぼれ落ちた。昨夜はシヴァ寺院に出向いて祈りを捧げてきたニーデだったが、胸騒ぎがしてなかなか寝つくことができなかった。鳥のさえずりも聞こえない静かな早朝、湖畔の木々の色づきも萎《な》えて、ニーデが持つティーカップからは、ほのかに湯気が立ちのぼっていた。プレアデス連合の中心地であるここテニネは、冬の到来を待っていた。

彼女は戦地におもむいた夫のことを考えていた。ニーデの脳裏には、数日前にプレアデス連合の艦隊を率いて飛び去っていった夫の姿が目に焼きついて片時も離れない。今回の遠征は彼にとって初めての実戦だった。とにかく無事に帰ってきてほしい――。ニーデには戦争の勝ち負けなどどうでもよかった。彼女の願いはただ一つ、愛する夫の無事な帰還だけだった。

このときニーデは48歳。満24歳のときに8歳年上の軍人ゲイキと結婚し、3人の子供にめぐまれた。ニーデの両親はすでに他界していた。24年間の結婚生活において夫と一緒に暮らした年数はきわめて短いものだった。というのも、これまで実質的な戦争はなかったが軍人である夫のゲイキは長期間に及ぶ出張が多く、多忙だったからである。さらに数日前に戦地におもむいたゲイキの役職はプレアデス連合艦隊の新任司令官であった。たいへん重い責任を背負っての出立だった。

時はいま、プレアデス連合国家の命運をかけた最後の戦闘が始まろうとしていた。国中が固唾《かたず》をのんでプレアデス連合軍の勝利を願っていた。

独身時代、ニーデは国内航空機の客室乗務員をしていた。彼女は学生時代から「青き昴」と囁《ささや》かれるほどの美貌の持ち主だった。ゲイキが一目惚れをしてたちまち結婚に至ったが、48歳になったいまもその美しさはまったく衰えていなかった。

新婚初夜にベランダでくつろぐニーデの瞳の中には「青き昴」が輝いており、その光の反映を見たゲイキは「彼女こそ昴の女神」だと感激した。ゲイキにとって、ニーデは、かけがえのない大切な大切な宝物だった。

その昔、ゲイキとニーデが皇帝陛下（第312代アルデバラン皇帝ネーゲ・ミエケイゴキ）と面会した際、ニーデの姿が皇后フエキの目にとまり「まあ、なんと美しい奥様でしょう、青く澄んだ磁力的な瞳、光沢のある金髪、品格を感じさせるその容姿、そして透き通るようなキメの細かい肌、まるで絵画の中から抜け出してきた天使のようね」という最大級の褒め言葉を賜ったという。

実はニーデは神々が遣わせた本物の女神であった。本人は自覚していないものの、額の中央部には菱形の女神マーク（アストラルマーク）が貼られているという、特別につくられた女性だったのである。

女神といえば、実在の人間ではなく「神様」を連想するところだが、ニーデのような「惑星上にいる女神」は創造主がつくった「人間」であり、一般的な人間の肉体を有している。一般女性との違いは、女神用の特別な遺伝子情報を組み込まれた美しい肉体を備えており、さらに創造主専用のボイス回線と直結していて、女神の言葉も想いもすべて創造主に直接伝わる仕組みになっていること。これは表現を変えれば、女神とは創造主のスパイであり、地上の工作員とも言える。

そもそも「人間の女神」はすべての惑星民族に平等に配布されているわけではなく、一つの銀河系にたった4人しかつくらない。それが宇宙の伝統である。

換言すれば、その星に4人の女神がいることは、その惑星が銀河の主人公を務めているという意味に他ならない。女神達がいる間はその星の民族の繁栄もまた約束される。しかし女神が1人もいなくなれば主人公の役割が他の星に移ったと解釈される。

創造主記録を調べてみると、現創造主下の銀河史において、これまで女神がいた星はたったの三つ、最初は牡牛座のα星（アルデバラン）、次はコップ座のβ《ベータ》星（ケウエグ）、そして最後が聖地・地球である。（筆者がこの本を執筆している現在、4人の女神は全員地球におり、さらには4人とも日本国に集められている。その理由については後述する）。

こう聞くと、銀河の主人公民族は最初から定められており、基本的にはあらかじめ用意された筋書きに従って物語が進んでいくという意味にも思えてくるが、しかし、100パーセント確実に、何もかもが創造主の思惑通りに運ぶわけではない。時には予想もしていない事件が勃発し、筋書きが大きく狂う場合もある。それもまた宇宙の法則であり、そこにこそ面白みがある。

当時のテニネにも4人の女神がいて、ニーデはその1人だった。

19個の青い太陽が集まったプレアデス散開星団（昴＝スバル）、地球から眺めるプレアデス星団よりもテニネから見る昴の星々はずっと明るく2倍ほどの大きさを呈している。誕生して間もない高温の青白い光を放つ19個の星々、その形状が宝石の結晶のようにも見えるのだが、その輝きがニーデの瞳の中にもあった。
「プレアデス」とは連合の象徴名である。そして「ニーデ」とは連合組織を象徴する女神であり、連合に勝利をもたらしてくれる最も重要な存在だった。

アルデバラン星人（テニネ人）にとって、昴とは他国との出会いの場であり、宇宙船の燃料である重水素ガスや炭酸ガス（ドライアイス）の収穫場であって、連合組織の仲間が集う聖なる場所だった。

恒星アルデバランの第3惑星であるテニネの直径は1万6200キロメートル、地球の約1・35倍のサイズの惑星だった。惑星のサイズによって地表の生物の体のサイズも決まることから、テニネの動物も人間も、地球のそれと比較すると1・3倍ほど大きい。テニネ人の平均身長は約2メートル20センチ以上で、これは地球人には驚くサイズだと思われる。コリー犬の大きさの猫にはビックリ仰天するだろう。

テニネ人といえば銀河系人類における「美貌の象徴」であった。男性も女性もまるで古代ギリシャの神像のごとき風貌をしており、創造主セザナ神が「美」の象徴民族としてテニネ人の遺伝子を後世の民族に利用していたほどである。これをプレアデス優化遺伝子と呼ぶ。

〝荒くれの大王〟と呼ばれた我らが大宇宙の創造主、セザナ神とは、魔王の顔と創造主、両方の顔を持つ「悪と善」を司《つかさど》る孤高の存在である。彼は前宇宙から受け継ぐ唯一の人間遺伝子を持った生命（ソロジン：solo-gene）であり、その遺伝情報は大宇宙の全人類（全生物）の意識ベースに組み込まれている。

セザナ神の哲学は「男性は女性のために戦え」であり、「戦わない者に生きる権利なし」という超過激なスパルタ思考から成っている。

その思考とは「陽の陽たる男性（子体）とは、母体側の陰（女性に象徴される親や家庭や社会や国家のこと）に尽くして『なんぼの価値』が生じるもの、男性の存在価値とは女性が決めるものなれば、その価値を実際に示してみせろ、妻や両親や子供や祖国を守れないような男は、戦場から逃走するような意気地なしの卑怯者だ、そんな輩《やから》に生きる権利などない」というもので、しかもそれは思想として恐ろしいまでに徹底されていた。

そもそも、男性（雄）には、存在価値など存在しない。なぜなら男性とは「虚」の存在であって、「実」の存在である「女性（雌）」が、自分のために産んだ「子体」にすぎないからだ（陰陽論）。だからこそ自分の価値をつくれないような男性は生きる価値がないのである。これは、妻のために、家庭のために、社会のために、国家のために、男性は身を粉にして働いて戦え、そして価値がなくなれば「邪魔者はこの世からとっとと消え失せろ」という過激な思想でもあるために、多くの神や人間が創造主セザナ神の考え方にはついていけない面もあったようだ。

プレアデスといえば、「愛」と「平和」と「共存」と「紳士淑女」といったイメージが定着しているが、それは、いまから2700万年前に創造主が直接言語を教えて大事に育ててきた民族であるからだ。プレアデス民族には、セザナ哲学にのっとった男性教育が徹底されており、基本的に女性ファーストの世界、女性を宝物のように扱うのが慣習であり、男たるものは命懸けで女性や祖国を護る「働き蜂」でなければならないとする戦士の気風が強い。些細《ささい》なことに目くじらをたてるような女々しい男性や、自己の主張ばかりするような尻の青い男性は「男の美学」を重んじる男性社会では恥とされた。女性の尊重、女性への献身、女性の守護、これが徹底されているために、テニネ国内、ひいてはプレアデス連合内の平和基盤が保たれ、のちに理想的な社会をつくり得たのである。

男性の生涯とは桜の花のごとくパッと咲いてパッと散らなければならない、まるで武士道の生き方だが、それがプレアデスの男性気風だった。そうした男性社会だからこそ、女性も真摯《しんし》に男性を思いやり、尽くし甲斐を感じられるのである。現代人の男性にとっては耳が痛い話だが、銀河の祖先からも、また地球の祖先からも学ばなければならない哲学はたくさんあるようだ。

＊

時あたかも、「青き昴」を飲み込もうとする暗雲がプレアデスに迫っていた。

敵であるカシオペア連合軍は、4000年前に起きた第一次カシオペア戦争において事実上の敗戦を喫したため、陣営を組み直し、虎視眈々と領土の挽回を狙い、今日まで戦争のための準備をしてきていた。

無論、プレアデス側もまた応戦の準備を整えていた。

ゲイキ率いるプレアデス連合軍は、敵対するカシオペア連合軍に対し、どんな戦法で戦うのか――。


第一次カシオペア戦争からの4000年間、表向きには、両連合国間に明白な決着はついていなかった。というのも前回の戦いではカシオペア側の一方的な譲歩退却で終わっていたためである。今回の戦争――のちに第二次カシオペア戦争と呼ばれるこの戦争こそ、両雄の軍配を決定する総力戦だった。

戦力的にみると、プレアデス連合軍の戦闘機数は約２０００機、一方のカシオペア連合軍は１７００機の戦闘機を用意しており、実力的にはほぼ互角、どちらが勝利をつかみ取るのか予断を許さない状況であった。

その昔、カシオペア連合軍からの技術提供で宇宙船を開発できたプレアデス連合だったが、以来カシオペアの威圧的な態度や、高額な上納金には苦汁を舐めさせられた。その不満が爆発して最初の戦争が勃発した。一方、飼い犬の属国に突然腕をかまれて一時的に退却という形をとらざるを得なかった支配者側のカシオペア連合にも、意地やプライドがあった。これから始まろうとしている第二次カシオペア戦争、それは避けて通ることのできない戦争だった。

壮絶な戦い

プレアデス連合軍は、アルデバランを中核とした半径３００光年以内の近隣諸国の連合体であり、元々は重水素ガス採集の共同組合（ギルド組織）を原点として出発し、最初期のメンバー（第1位のメンバー）は「ニーフ星人」「ビーウベ星人」「ズエナ星人」「ヌアゼ星人」「リーケフ星人」「ニオイヨア星人」というアルデバランを加えた7カ国からスタートした連合国だった。

その後、プレアデス連合国からの技術援助を受けて、新たに連合に参加してきたのが第2位のメンバーである8カ国「ノーズエ星人」「バイヌ星人」「ヒアイア星人」「ズーエヌエ星人」「フイリ星人」「ヒエル星人」「ギエグオ星人」「ヘヌウエギ星人」というグループだった。

第一次カシオペア戦争ではこれらの14カ国とアルデバランが協力し合って戦争に勝利したことになる。

今回、第二次カシオペア戦争では第3位のメンバー（6カ国）が加わり、総勢で21カ国の連合体制で戦争に臨むことになる。ちなみに第3位のメンバー国とは「ヌエオ星人」「カイブク星人」「ダイカエ星人」「ケーイシエ星人」「カウ星人」「シエル星人」という6カ国である。

第二次カシオペア戦争からさかのぼること4000年前の第一次カシオペア戦争では、

実際には、新型エンジン（DHシステム）を開発したプレアデス連合軍の圧倒的な勝利で終わっていた。しかし、いまやカシオペア連合も同じエンジンを装備しており、戦闘機の能力には大差がなかった。

カシオペア連合軍（43カ国43部族）には母艦が多く、中型戦闘機の頭数ではプレアデス連合軍（21カ国21部族）のほうが優っていたが、天秤にかけてみれば、両者はまったく互角の戦力という状況だった。

プレアデス軍にとって若干有利な要素があるとすれば、それは新しく開発に成功した力学航路センサーの性能差と、如来界《にょらいかい》の上位にプレアデス出身の新しい如来神（ヒオル神）が赴任したことだった。

ここでもし仮に「プレアデス軍には戦争の女神がついているから絶対に勝てる」という情報が伝わっていたとしても、戦争とは現実であり、応戦せずにただ漫然としているだけでは無残な敗北を喫して、プレアデス連合国はあっと言う間に解体され、カシオペアの属国と屈してしまうことは目に見えていた。

女神を頼りにしているような柔な姿勢では戦争には絶対に勝てない、それがプレアデスに透徹した男の哲学だった。1人の死者も出さず全員が無事に帰還できるような「甘い戦争」などあり得ないことぐらい、軍人は皆叩き込まれている。女神がついているからといって、これは戦争であり、戦略を立て戦いに出ることは、大前提として必要な行為となる。

戦場となる宇宙空間はマイナス250度の真空の世界である。それがいったいどんな環境であるのか、地球上の人間にはあまり知られていない。

人体には通常1平方メートルにつき約10トンの大気圧が付加されており、それが正常な状態なのだが、もしここで宇宙船に穴が開けば、船内のエアーはそこから外に激しく流出していく。仮に宇宙船の外に頭を出せば、人間の頭は猛烈に膨張し、爆発して粉々に飛び散ってしまうだろう。また船内の空気圧が下がっても、それと同じ状態になってしまう。さらに船内の温度を維持できなければ、マイナス196度の液体窒素のタンクの中に飛び込むのと同じ理屈になってしまう。

宇宙船をイメージしたときに、船内に空気があるのは当たり前の話だが、そこに空気圧がなければ生存は不可能だし、また空気の温度も同様に維持しなければ生命は維持できない。宇宙船がまともに機能していれば中にいる人間は生きられるが、宇宙船の生命維持機能が麻痺したり、物理的に穴が開けば、乗組員の命は即終わってしまう。いずれも異常なく動作する宇宙船体の確保は、宇宙空間における戦争において必須となることは念頭に置いていただきたい。

この当時の宇宙船の主要な武器は二つあった。一つは磁力線系の武器で、これをまともに照射されてしまうと電磁的な麻痺が船体に生じて生命維持装置が止まってしまう。もう一つはやはり力学系の分子破砕砲で、至近距離内でこの直撃を喰らうと船体に穴が開いてしまう。

戦争中は光速度の約300倍で空間を飛ぶ円盤（宇宙船）に、光系の武器はまったく通用しない。敵の攻撃砲は光速度の約400億倍の速さで飛んでくるのに、それをかわすことなど皆無に不可能だから、とにかく先に照準を定めて攻撃したほうが勝つという戦争になる。やられるやられないは紙一重の差であり、そこには神に祈っている暇もない。

戦時中は常に敵軍と自軍のセンサー能力を綿密に計算して射程圏内に入ってくるのを待っている状態になるが、それは敵も同じであり、いかなる作戦を用いて相対するのか、それが腕（作戦）の違いとなる。

ではどのように作戦を立てるのか。

ここに登場するのが「戦闘巫女《みこ》」である。

カシオペア連合軍にも、またプレアデス連合軍にも「戦闘巫女」が配置されていた。

「戦闘巫女」は、宇宙船（円盤）と必ずセットになる、いわば宇宙船の付きものである。

神々と交信を図って、敵の動向をうかがい見張る。敵艦隊がどのあたりにまで進行してきたのか、その艦隊がいくつに分派してどの方向から攻めてくるのか、どの星で待機してどんな勢力の陣営を組んでいるのか。そうした軍事情報を自国出身の神々と連絡を取り合って聞き出すのが「戦闘巫女」の役割だった。

プレアデス連合軍とカシオペア連合軍による因縁の戦いは、また同時に、銀河の二大勢力による「初代銀河ファラ王の玉座」をかけた戦いでもあった。

ゆえに、如来のシヴァ神や、創造主のセザナ神がプレアデス連合軍またはカシオペア連合軍どちらかの肩をもつ（人間間の戦争に神力を発動する）とは思われがたく、人間の力のみで戦いに勝ったほうに神々一致で軍配を上げると考えられた。

プレアデス連合は、古株のカシオペア連合よりも1万年ほど若い新進気鋭の同盟組織だった。昔の同盟組織と違う点は、同盟国同士が平等な立場にあって、軍事も含めて何事も民主的な協議で物事を取り決めることであり、各部族には自由な発言権が許されていたことだった。

対するカシオペア連合は、総帥民族のシェダル星人が同盟の支配権を握っており、神界と同様のトップダウン方式をとる昔ながらの封建組織だった。ゆえにプレアデス連合国にとって、カシオペアに屈することは奴隷扱いにされることに相当するのである。

プレアデス連合軍においては、過去に引き戻されるぐらいならば討ち死にしたほうがまだましという考えがあり、この戦争はあとには引けない、いわば背水の陣的な戦いでもあった。

＊

ここで宇宙哲理である陰陽論の解釈を用いれば、「陰（過去）」の土壌の中に芽生えた「陽（未来）」こそプレアデス連合であって、これは親（陰側）と子（陽側）の戦いのようなものであれば、基本的に親は子に勝てない原理から、軍配はプレアデス側に上がると推測ができる。

しかし、陰側の勢力が圧倒的に強い場合は、自然界の道理とは正反対に事象が進む場合がある。満7歳の子供が親に逆らっても勝てないように、子供側が勝利する場合は子供が十分に成長していなければならない。

＊

第二次カシオペア戦争が開戦した。

カシオペア連合の総司令官はシェダル星人（コーウ人）の「ライガ長官（82歳）」、対するプレアデス連合の総司令官は若造の新任長官（ゲイキ56歳）だった。

ライガ長官率いるカシオペア艦は、大型サイズで動きは鈍いものの、艦砲の射程距離が長く、遠距離から発射できる利点があった。

一方のゲイキ長官率いるプレアデス艦は、中堅サイズで足が速く小回りは利くものの、艦砲の射程距離が短く敵艦隊の至近距離まで近づかなければならないのが欠点で、敵とまともに撃ち合っては勝てる見込みがないことから、得意のゲリラ戦法をとるより他に方法がなかった。そのためゲイキ長官は標準航路（カシオペア街道）の550カ所以上の太陽系に攻撃機を3機ずつ配備して、敵艦隊を迎え撃つ戦法をとった。

それに対してライガ長官は攻撃部隊を三つに分け、艦隊に近づいてくる攻撃機に集中砲火を浴びせる戦法をとった。

これらは結局、4000年前の戦闘形式と同じであった。

両軍、迎撃機の船足に性能差がないことから、プレアデス連合の攻撃部隊は、はじめのうちカシオペア艦隊に接近することがなかなかできなかった。

しかしほどなくして戦況は変わる。

我々地球人が知るところの太平洋戦争において大日本帝国海軍が建造した「戦艦大和」が蠅《はえ》のごとく群がる米空軍機にやられてしまったように、カシオペア艦が気づくと同時にその背後にはプレアデス連合軍の攻撃機がいて次々と主砲を撃たれてしまうという状況になり、大型で頑丈なカシオペア艦は沈められてしまった。

結果的に、実戦が始まってから約4日間でおおむね決着がつき、プレアデス軍の勝利が確定した。カシオペア艦隊は一機も残さず壊滅され、100万人以上の戦死者が出た。プレアデス軍も1000機以上の被害、ならびに戦死者40万人を出し、大きなダメージを喰らっていた。

プレアデス連合軍は自軍の救出をしたのち、一応母国に凱旋し、あらためて艦隊を整えて、43カ国の敵国へ乗り込むこととなった。

かくして、ゲイキは無事に妻ニーデのもとに戻ってきたが、自軍に大きな損害を出してしまったせいか、ゲイキはどこか心が晴れない様子だった。そのまま、たった2日間の休暇でゲイキは艦隊へ戻ってしまった。ニーデはといえば、戦争が終わったことで夫の命の心配をしなくてもよくなり、また通常の平和な暮らしができることに、神への感謝を捧げるのだった。

ゲイキには戦争の後始末（航路整備や故障機整備）はもちろん、失った飛行士達の欠員補充や、部下の葬式、負傷者の慰問、あるいは敵国との敗戦交渉など、片づけなければならない問題が山積していた。戦争の傷跡がこんなにも深いものだということを、ゲイキは生まれて初めて、身に染みて実感していた。

「いったい何のために、互いに殺し合わなければならないか」

一瞬、ゲイキの頭に問いがよぎる。

――しかし、負ければ殺される。祖国や家族を守るために戦わなければならない厳しい現実がそこにはあった。軍人は、いやでも戦わざるを得ないものなのだ。多くの軍人は不条理な殺し合いに対して、「鬼になるか」「石になるか」「機械になるか」そのいずれかを選択しなければならない。さもなくば軍人を続けることはできない。ゲイキは最終的に「機械」になることを選択した。命令が出れば嫌がらずに即実行すること（それが仕事だから）、必要以上の殺戮《さつりく》や破壊はしないこと、味方は絶対に守るが敵は容赦しないこと、自分の思想や感情（不安や恐れや嫌気）を殺して怜悧《れいり》に対処すること（自分を捨て去ること）、そのように自分を変えていくしか軍人を続ける方法がなかったのである。

個を滅《めつ》して全体に帰納すること——人間という個人の立場を捨てて軍隊そのものに成り切ること——孤高の戦士がたどり着く究極の境地。これぞ自己の境涯を高める極意だった。

そうしたゲイキの姿勢（心構え）は、如来界では高く評価された。セザナ神もまたゲイキの人格を認めていた。

ゲイキはニーデを愛し、祖国アルデバランを愛し、プレアデスを愛していた。愛とは守ってやることだ。だが、それができる人間はきわめて稀である。銀河においても、まるで子供のように自分を捨てられない人間は多いものなのである。

銀河ファラ王

プレアデス連合国はその後、カシオペア連合国（43民族）を属州化して新プレアデス連合王国を打ち立て、銀河系の5分の1に及ぶ民族を統一するに至った。

アルデバラン皇帝（第312代皇帝ネーゲ）は、創造主セザナ神からその功績が讃えられて「初代銀河ファラ王」の称号を授与され帝冠するに至った。

と同時に、プレアデス連合国は、聖地「地球」を守護する「聖地守備隊」の名誉も賜り、創造主のお膝元に直接軍隊を派遣することが許可された。

そしていまから48万2000年前、150機（6000人）のプレアデス艦隊が「地球」に飛来して、当時のムー大陸（現在のグアム島付近に存在した四国の半分ぐらいの大きさの島）に最初に降り立った。


聖地開拓は「創造主勅令」に基づく最も重要な任務だった。

当時の地球人は、まだ言葉も話せない原始人ばかりであった。そのため、その原始人教育の関連作業（地球神や太陽神の育成）や、龍神島守護などの作業が、聖地守備隊の主な任務であった。聖地守備隊といっても、それは小規模な派遣軍隊のみでこなせる仕事ではなかった。そのためムー大陸基地（プレアデス地球軍本部）の最大人口は最盛期には400万人規模となり、地球の各地には出張基地が建設された。

ボリビアの南米基地（現在のラパス）には100機の円盤（宇宙船）を収納できる空港が建設され、神々宮殿と神々養成訓練所（地下宮殿やアンデス回廊など）が建設された。

また北アメリカの北米基地（現在のワイオミング州北西部イエローストーン）にも60機の

円盤を収納できる空港が建設され、ロッキー山脈にはさまざまな神々の施設がつくられた。日本国（龍神島）では伊勢と出雲の整地土木作業が行われた。

また、太陽系の火星には円盤の中継基地が設けられ、さらにシリウスの第3惑星（恐竜の星）には食料基地（地球基地に食料を供給する施設）が建設された。

地球は、創造主が住む聖地ゆえにプレアデス連合の植民地とは言えないのだが、地球人の自前の神々が誕生する以前の段階であることから、原始人の面倒をみてくれる地球神や太陽神の存在が緊急に必要だった。

そこで創造主はプレアデス・アルデバランで死亡した一般の霊魂体（5万人）を地球へ移籍させて、これらの者達を南米の訓練所で教育し、地球神や太陽神として神界に仕えさせる作業を行った。太陽天使界の神々（カブリエル神、ザハリエル神、ミカエル神など）も当時の神々であれば、また地球神（スゲ神やケゴ神）の帝釈天や大黒天や弁財天なども当時の神々であって、さらに地下神（チオ神［魔界神］）や迦楼羅《かるら》王（天狗［魔界の門番］）なども当時のプレアデスの神々だった。

プレアデスの聖地守備隊は48万2000年前から活動を開始し、そこから12万3000

年前までの約36万年にわたり地球人の啓蒙教育に関わった。まさに地球人はプレアデスの神々によって育てられたといっても過言ではないのである。

その後はウクライナの中央草原にプレアデス言語居留区が建設され（36万年前）、また中南米の各地にも死者の里（14万年前）が設けられて、さらに龍神島の南の入り口には石づくりの龍神島門まで建設された（与那国島の海底遺跡）。

このように地球に存在したプレアデス文明の史跡の多くは、宇宙人の存在を知らせないために、のちに創造主によって海の底へと沈められてしまうが、史跡自体は今もあちこちに残っている。


創造主セザナ神にとって、プレアデス軍は最も信頼できる人間の腹心の部下であり、またそれまでの〝龍神体制〟から〝神々体制〟へと宇宙制度を切り替えていくためには、物質界の生命である彼等（人間）の力を必要としていた。

この宇宙の慣例として、創造主が直接人間を育てる時代から、人間達が自立して自分達の社会を築いていくために人間出身の優秀な神々を輩出させて神々主導（人間主導）の時代へ移行させるという、いわば行事のように決まった制度移行というものがある。

この制度移行を実現させなければならない創造主の立場をよく理解して、創造主の命令通りに動いて銀河中を飛び回り、多大な貢献をしてくれたプレアデス連合国の人間達をセザナ神は高く評価しており、自分の子供達でもある彼等を誇りに感じていた様子だった。

＊

我々の天の川銀河系には、元々381部族の星が存在していたが、銀河レムリア期（巻末の年表参照）の間に成長を遂げた40あまりの部族は放射能汚染により滅びており、残る未成長な部族には文明の伝道者が必要だった。

第二次カシオペア戦争後、プレアデス連合国の勢力は64カ国に達していたが、いまだ銀河系には、300以上の他民族が存在していた。この中にはすでに連合を組んで宇宙空間に飛び出している国々もあった。それは天秤座の1組織（リブラ連合　22部族）と、小熊座の1組織（ポラリス連合＝イーオイア連合　17部族）の合計2組織で、他は科学技術が発達していない未開発国であった。

創造主はこれら連合に属さない民族に対する啓蒙誘導と技術提供をプレアデス連合に命令した。

プレアデス連合は神界から賜った「銀河ファラ王」の威光――神界の守護と権威をたてに勢力を拡大し、銀河世界に堅固な権力を築いたばかりか、神々世界にも優秀な人材を送り出し、揺るぎない基盤を築いていった。

＊

ゲイキとニーデが活躍した時代は、銀河史の中でも長きにわたる栄華を誇ったプレアデス時代の、最初の1ページにすぎない。プレアデスの最盛期はそれから二十数万年後に訪れ、銀河はプレアデス一色に染まってしまうことになる。

そして、プレアデスの栄光の陰には常に、神々と直結する女性達の活躍がみられることとなる。

第二章　天秤座討伐

・天の川銀河内を飛行するための条件
・生存したまま宇宙空間に出るために必要なこと
・本格的な宇宙時代をもたらした画期的技術の登場

宇宙飛行の条件

地球ではほぼ知られていないことに、天の川銀河内を飛行する宇宙飛行士（銀河戦士）になるための銀河系内共通の条件がある。それは「実年齢が満32歳以上の男女で、銀河同会（解脱）を果たした者のみ」というものである。

「解脱」とは「悟る」あるいは「同会する」ことであり、地球で言われる「荒行や苦行の末にたどり着く即身成仏もしくは即身同会」と同義である。

宇宙飛行士のみならず、解脱できていない若い者が船に乗っても、「頭が割れていない（解脱していない）」という理由から、惑星磁場圏の外に出た瞬間に自身の心との接合が切れて、気絶したまま仮死状態におちいり目を開けることすらできない。逆に言えば、地上にいながらも銀河磁場圏で自身の心を営むことができる人間（いわゆる銀河解脱者、あるいは銀河同会者）は、惑星磁場圏の外に出ても気絶することは決してない。したがって子供や若者は銀河戦士にはなれないし、他星へ移住する際には医務室のベッドに固定されて運ばれることになる。
何の宇宙情報も知らない無知な惑星人が、銀河系まで自己の意識を伸ばすことはきわめて難しいことであり、ほとんど不可能に近いといってよい。宇宙人達のように、他星の情報がドンドン入ってくる環境にいれば、いやでも応でも銀河世間を知り得て、意識の拡大化は自然に起こってくる。そうした環境にある人間は、心操作ができる年齢に至れば、自然と、銀河磁場圏で心を営むことができるようになるのである。

プレアデスの恒星アルデバランの人類は、初期の頃には地球のように国々に分かれていたが、テニネに中央政府ができてからは惑星民族の統一化が図られて一国としてまとまった。地球は「聖地」ゆえに例外中の例外だが、一般の星は「一惑星一言語」の法則に基づいて共通言語を移植されることから、大陸別に言語分派（方言）が発生しても、言葉の意味が通じ合わないことは決してない。だから、惑星民族の一本化も比較的簡単にできる。（ちなみに、ここ地球の場合は、複数の宇宙人言語が移植されており、民族の考え方もそれぞれ大きく異なる理由から、国際政府が力を発揮しにくい。どこかの宇宙人が地球に攻めてこない限り、地球人は一国としてまとまることはないだろうと推測される）

テニネ民族は、子供の育て方に特徴があり、個々の親に子供の養育を任せず、国が集団養育をほどこして子を育てていく。子供が親元にいられるのは満5歳までで、6歳からは国の保育所に預けられて集団生活を強制される。親が子供と会えるのは2カ月間に一度、3日間だけとなっている。これは「子供は人類の共有財産なので個人の馬鹿親には預けられない」という趣旨により、親元から没収して国家が平等に躾《しつけ》と教育をほどこすという考え方から実施されている。

子供達は、男女別の「養育行程（3年間）」と「教育行程（7年間）」を経た後、それぞれの個性や能力に応じて男女共学の「専門行程（4年間）」に進み19歳まで学業を続け、それ以降は社会人として勤めることになるが、男性の場合は4年間の「徴収制度」があって、満22歳から満26までの4年間、誰でも強制的に兵役に服さなければならないとされる（女性の場合は志願制）。軍隊への入隊を希望する志願生は、そのまま軍事要員として残留し、国家公務員として軍事訓練を積んでいく。そして〝花形〟の宇宙飛行士を志願する者は、適合年齢に至るまで、さらに高度な訓練を積み続ける。

また特殊な霊能力を有する女性は、一通りの学業と軍事訓練を積んでから、戦闘巫女として常務することになる。学問知識も軍事知識もない霊能者が戦闘巫女に抜擢されることはあり得ない。徹底した訓練がほどこされる。

現役を退いた高齢者は自宅で暮らす。身体が不自由になってくると、国が運営する高齢者施設に移り、手厚く看護される。

こうした国家規模の教育体制や看護体制などが充実しているために、ことテニネにおいては、優れた人材が次々と誕生し、また、変質者も犯罪者も、きわめて少なかった。礼儀（挨拶）、道徳、節度、秩序、調和をわきまえられる（つまり欲望や感情をコントロールできる）理知的な紳士淑女が歴代において国を維持しており、地球のような野蛮な育ちの人間は、テニネには存在しなかった。

こうしたアルデバラン（テニネ）人の人間教育体制は、連合国にも浸透し、やがて同盟国の多くの国々が賛同して追従していった。

彼等が教育を担当する地上の人間（人間養育期間）が、その獣性を卒業して「人（human）」になるための近道は、やはり宇宙船を開発させて宇宙へ飛び出させることだと、創造主も当初はそう考えた。

しかし、本来、そのコントロールが必要となる人間の欲望は、食欲や性欲に象徴される本能的な欲望ばかりではない。高尚な世界になればなるほど、また別な欲望が生まれてくるものでもある。たとえば一人称的な性質の「食欲」の派生は、やがて、物欲や所有欲や興産欲などに発展していくし、二人称的な性質の「性欲」の派生に関しては限度がなく、それは異性欲からはじまって、虚勢欲や顕示欲、虚栄欲や権力欲、権威欲や名誉欲へと、どこまでも発展していくものなのである。

実は、それらの欲望というものは、宇宙人になっても、また肉体を失った意識だけの存在（神）になっても、止まることはない。最終的に、創造主はその問題に直面する羽目になるのだが、欲望がなくなれば生命の存続もなく、それは生きている確かな証拠であって、欲望は生命活力の原動力でもある。問題はいかにして欲望をコントロールできるかであって、どの段階においても、精神（心）の鍛錬を磨かねばならないことになる。

これは宇宙人の共通課題であるが、高性能の宇宙船を開発したところで、人間は基本的に、死なない限り宇宙空間には出られない。その理由は、惑星の生物霊界に「位相（意識の箱）」が固定されているため、人間が惑星磁場圏を越えると、肉体と位相を接続している生命コード（ズザネ管）が切れてしまうからである。たとえ銀河解脱者であろうがなかろうが、心の接合とは無関係に、意識（天）と肉体（地）の接合コードが切断されて、自律神経電流がストップしてしまうために、肉体は必ず死に至る。

しかし天の川銀河にいる宇宙人達は肉体を持ったまま宇宙空間へ出て飛行している。

では、いったいどういう手段を用いて宇宙人達は銀河空間へ飛び出しているのか。

実は、創造主の認定である「銀河広域指定民族」という称号をもらうと、神々が宇宙船に「船内位相」という定員分の仮位相を設置してくれるのである。

その仮位相が設置されなければ、どんなに高性能な宇宙船を開発したところで人間は肉体を持ったまま宇宙へは出られないし、人間が乗船できないならば宇宙船をつくったところで無意味である。つまり、創造主による仮位相の設置が、肉体をともなって宇宙へ出るための重要な鍵を握っているのである。

この創造主の認定「銀河広域指定民族」は「文化の伝道」や「言語教育」や「科学技術の提供」を目的とした神界の用事を足すために特別に発行されるものである。そこに各民族（各星人）の勝手な行動は許されていない。つまりこれは創造主側が一方的に認定するものであって、民族側の要望が受け入れられるといった類《たぐい》のものではない。

では、どうすれば創造主の認定「銀河広域指定民族」の称号をもらうことができるのか。

これを獲得するためには、その民族の科学水準が一定レベルに到達する必要があり、さらにその民族の機根度《きこん》（神仏の教えを理解し修行し得る能力、転じて文明度のこと）や神界に対する貢献度などが査定の基準となる。

たとえば地球人の場合、科学水準が低く、民衆の機根度も低い。六道劣化者が多数いる。

創造主はおろか神々の存在すらも認めていない。当然、このレベルでは間違っても認定を受けることは絶対にない。せめて信心深く正しい教育がほどこされているならば、科学技術は他星から提供してもらえる可能性はあるのだが、本人達は無知であることにも気がつかず、地球科学が発達していると自惚《うぬぼ》れているから手がつけられない。かつて宇宙人の神様に誘導されて言葉も文字も教わってきたのに、自分達の祖先が文字をつくったのだと誤解しており、情けないことに「誰の世話も受けずに自力で文明を築いてきた」と自負している。さらには早く宇宙へ飛び出して自国の領土を拡張しようなどと考えているから終わっている。セザナ神が「この馬鹿どもが」と怒る気持ちもよく理解できる。無智文盲の現代地球人は、本物と偽物の区別もつけられない精神錯倒者だと言ってかまわないだろう。

創造主が宇宙船に取り付ける「船内位相」とは、霊界位相とは異なる「無型のバイオン位相」であって、位相箱から伸びる1本のズザネ管と432本のヌサネ=タボ線から構成されている。小型艦と大型艦で位相のサイズが変化するが、大型艦用の位相の場合はズザネ管やタボ線に多少の伸縮性があるために、約100メートルほどの余裕があって、宇宙服を着用すれば船体の修理のために外での作業が可能である。

また小型艦や脱出用の小型ボート艦の場合は、位相が小さくてズザネ管も短いために、船体の外に出ることはできない。

　宇宙船に乗組員が乗船すると、最初にしなければならないのが「位相交換」であり、神々に依頼して船内位相を装着してから惑星の本位相を取り外すという作業が行われる。この際、船内位相は本位相から意識（記憶）転写されて本人の意識と記憶が入力される。船内位相の使用期限は約2年間だが、身体には良くないものの、最高4年間ぐらいは肉体を保つことができる。

　他星に降り立って仕事をする場合は神々が惑星に仮位相を設けて接続してくれるが、船内位相も仮位相も2～3年間が限度であり、母星に帰還して本位相と接続する必要がある。無論、移住して住みつく場合は母星の本位相を他星に移す必要があり、こんな面倒も神々が見てくれている。

　そのような意味では、創造主や神様の協力なくして宇宙空間に出ることなど絶対にできないということを人間は認識しなければならないだろう。

科学技術の発達

神々を介して創造主から伝授される科学情報、これは歴代の「人間王国の科学知識」であり、過去世《かこぜ》（銀河史上における過去）の宇宙では実際に使用されてきた技術であるが、その啓示を受け取った今世の人類が、具体的にどう現実化していくのか、それが民族の命運を分ける鍵となる。

プレアデス連合が「常温超伝導　対《パイ》電子管チューブ（π－電子tube）」の開発に成功し、物体の反重力浮上を実現させたのは、いまから48万6000年前、第一次カシオペア戦争が始まる100年ほど前の話である。この、物の重量を「ゼロ」にしてしまう画期的な発明は、銀河に本格的な宇宙時代をもたらした。

任意の宇宙空間に存在する無量大数の「対《パイ》電子（π－電子：陰電子と陽電子が対結合したもの）」については、48万6000年前の時点で、天の川銀河のどの宇宙人も、その存在を認知していた。

だが、そこから「どういう手法で対電子《パイ》を一カ所に集約し、対電子《パイ》連鎖帯（π－電子チェーン）を形成させるのか」や、「その電子チェーンの中を走る超伝導磁束流を通すため、電子管の容器成分にはいったい何を使用するべきか」や「超伝導磁場の人体に対する危険性を憂慮した絶縁体被膜の開発」といった具体的な技術を考案していくのは、科学者の仕事だった。こうした基礎的な技術が開発されなければ、いくら有用な原理ができても理論止まりとなり、それは一向に形にはならない。

プレアデス連合には、他の民族に先駆けて、どうしても対電子《パイ》チューブ管の開発を成功させる必要があったため、連合国力のすべてを結集して開発に注力していた。


開発には、優秀な戦闘巫女を使ってヒントになる詳細な知識を聞き出しながら、科学者達が思考をめぐらせて開発していくというスタイルをとる。この六員結晶宇宙の中の人間王国科学であるプレアデス科学は、1人の天才が発明するような脆弱《ぜいじゃく》な科学技術ではなく、人智を超えた高度な科学技術にする必要があった。そのため連合国中から精鋭メンバーが集められ、皆一丸となって開発が進められる。その結果、念願のチューブ容器の開発に成功し、見事、その容器管の中に「対電子《パイ》チェーン」を形成させることに成功したのだった。

ちなみにプレアデスが最初に開発した「常温超伝導π－電子管」の容器組成（電子管被膜）は、炭素骨格（カーボンチューブ）の中にヨード化ランタン分子（ＬａＩ３：三ヨウ素化ランタン）を均等に配列させた被膜管で、そこに電流が通る仕組みである。その被膜管の電磁場の中に「対《パイ》電子チェーン」を育成させるという手法を用いている。その容器の開発によって、彼等は重力線を遮断する常温超伝導磁場の開発に成功し、「反重力装置」を手に入れたばかりか、その対《パイ》電子チューブを利用してコンパクトな「直流発電機」の開発にも成功した。

また彼等は炭酸ガスの「力学変換装置」の開発――重水素原子鎖（デューテリウム・チェーン：重水素化ゲルマニウム固定）から繰り出される水素原子磁束を、「変換器」を通すことによって「空間推進力」を得る手法を開発し、従来の危険なＰＳＹエンジン・システムにとって代わる、人体に優しい安全なＤＨシステム・エンジンの開発に成功した。

このエンジンと反重力装置は、さまざまな乗り物（宇宙船、航空機、列車、自動車、オートバイ）に利用されることになり、おかげでテニネ社会が一変してしまう。つまり空を飛ぶ列車や自動車やオートバイの出現が、それまでの社会構造を大きく変えてしまったのである。

反重力装置、小型発電機、空間推進器、これらの革新的な技術開発は、惑星内や連合内はおろか、銀河民族全体を一挙に宇宙時代へと突入させてしまうものだった。プレアデス連合はこれらの技術を軍事面にも応用し、わずか70年間で宇宙船を改良し、性能を大幅にアップさせてカシオペアの脅威に備えていた。

軍事面においては「広域航路センサー」や「分子破砕砲防御シールド」などの開発も手がけていた。それから30年後に第一次カシオペア戦争が始まり、プレアデス艦隊は苦もなくカシオペア艦隊を撃退させるに至った。

超伝導磁場が重力線を捕獲してピン止め状態にする事実は、液体ヘリウムを使った地球の超伝導実験でも明らかである。重力の加圧を受けないということは空気圧も水圧も受けないという意味であり、反重力装置を装着した潜水艇は1万メートルの海底にも下りられるし、また木星や土星のような巨大な表面重力値をもつ惑星にもペシャンコにならずに下りられるという意味である。

墜落事故が多い航空機でも宇宙船でも、この反重力装置を巻いておけば、少なくても墜落事故はまぬがれることができる。またこの装置のおかげで「反重力パレット」が完成し、労力をともなう重機やクレーンによる荷降ろし作業が解消された。

宇宙船において船体に対電子《パイ》チューブが巻かれるということは、船体の内部が超伝導磁場になることを意味する。超伝導磁場は外界に対して反重力性を呈するが、内部に対しては独自の重力系を備えており、新たな船内重力が発生する。そのおかげで、船内は無重力浮遊せずに普通に歩けるが、若干重力が弱く、ランニングなどの運動はチト厳しい。強く足を踏み込むと体が浮き上がってしまうからだ。しかし、無重力状態とは異なり、筋肉も萎えないし、また心臓が小さくなってしまう恐れもなく、船内では普通の生活が営める。

エネルギー供給の面では、対《パイ》電子チューブを活用した革命的な発明「小型発電器」の発明に結びついた。これは数百年もの長い寿命を誇る直流発電機である。このコンパクトな発電器は従来の電気概念を打ち破り、宇宙船のみならず、ありとあらゆる産業で活用された。プレアデスの場合は、乗り物用の対《パイ》電子チューブの大型工場の中で、発電器は副生産物として生産されていた。副産物とはいえ、宇宙船用や住宅用、列車用、旅客機用、自動車用など多方面に用いられていた。

超伝導電流を一般電流に切り替えるためには「冷却装置」が必要だが、気密度を調節できる小型の「シリコン・冷却チャンバー」が開発されてからは、ほぼ常時マイナス100度が維持できるようになって、大げさな冷却装置は必要がなくなった。真空にしても容器の内部の気密度が高ければ温度は下がらないし、またどうしても外部温度の影響を受けてしまう。そこでシリコン・メッキで気密度を封印した真空管を光遮断材で包めば、小さな冷凍空間ができる。

　また、推進器に利用される「炭酸ガス六員環回転装置」や、反重力装置に使用される「炭素繊維（カーボン・チューブ）」は、惑星の余剰ガスの処理に貢献し、排気ガスから固形物をつくっていくという作業は、環境浄化にもたいへん有益なものだった。


　これらの科学技術は、創造主や神々からの伝授により、もたらされたものである。プレアデス連合を支えてきたのは「女神」ばかりではない。創造主から伝授された科学知識を分析読解して、その大半をものにし、実際に形にしてきた。その科学技術力もまた、プレアデス発展の礎《いしずえ》の一つである。

　創造主にとってプレアデス（アルデバラン）人は優等生であり、その愛顧ぶりは半端ではなかったようだ。

　これは他民族からみれば依怙贔屓《えこひいき》とも思える特別伝授の話だが、いまから45万年前、小型発電器には困っていなかったプレアデスは、小物の電池やバッテリーなどの充電寿命には困っていた。そこでセザナ神が特別伝授したのが、いわゆる万年電池（電池寿命は約30年間）であるところの「天体発電器（ＡＧＳ電池）」だった。これはシリコン（Si）とジルコニウム（Zr）を用いた携帯発電器で、小さなもの（直径1センチ）は携帯電話の電池として、また野球ボール大のものは浮遊バイクなどの電源として用いられた。ここに使われているのは、シリコン原子やジルコニウム原子の電子軌道磁界（殻）を物質信号で操作する方法である。たとえばZrの５ｓ軌道を排除したり、Siの原子結晶の直列状態をうながしたりする原子操作で、難しい技術も必要とされるものの、基本的には極小のミニ天体（渦巻回路）をつくって惑星磁場圏と同期させるという原理のミニ発電器である。当時、これはプレアデス専用の特権技術だったが、あっと言う間に模倣されて、宇宙中で使用されてしまうこととなる。

創造主が保有する科学知識とは創造主自身が開発したものではなく、過去世の人間達が開発してきた科学知識の集大成を保管したものであり、それを民族機根の発達度にしたがって段階的に人類に教えているにすぎない。本《もと》を正せば、前宇宙の人間達が開発してきた伝統の知識であり、祖先の賜物である。早い話が今世の宇宙技術とは過去世のルネッサンス（復興再現）なのだ。そのように考えれば、いかにアンポンタンな地球人でも、祖先の真似ぐらいはできるのではないかと思われる。

問題は、地球人が自分の能力で発明や開発しようとしていることである。だから、いつまで経っても燃料エンジンの時代から抜け出せない。お馬鹿が自力で１００万年間考え続けても1センチの成長もないし、そもそも発明特許をとって名誉と財産を築こうとする物欲で研究しているから真理にも気がつかないのである。

しかし、もしあなたが「自分は何も知らないお馬鹿だ」と認識できたら、宇宙にすでにある伝統知識を盗むか、真似るか、教えてもらえばよいだけの話、祖先の真似をするのが著作権の侵害にあたるものだろうか。この事実に気づいた人は「私は空飛ぶ車が見たい、だから誰か開発してくれ」という民衆の純粋な動機に応えてあげてほしい。48万年前の昔から車は飛んでいたのだから。

リブラ連合の平定

時は初代銀河ファラ王（ネーゲ）の時代から、彼の孫にあたる第3代銀河ファラ王（第314代アルデバラン皇帝ゲーオ）の時代に移る。

第二次カシオペア戦争後、着々と勢力を拡大していったプレアデス連合軍は、テニネ民族の哲学にのっとり、この天の川銀河を紳士的・民主的に統治すべく「新銀河連合」を名乗っていた。

　この新銀河連合に属さず、独自にその活動を営む文明エリアが2カ所あった。天秤座のリブラ連合（22部族）と、小熊座（北極星）のポラリス連合（イーオイア連合17部族）である。

　創造主セザナ神からは「これらの民族に対しても啓蒙誘導と技術提供をするように」との勅令を受けていた新銀河連合ではあったが、いささか反抗的なリブラ連合軍の行動に悩んでいた。

　リブラ連合（22部族）とイーオイア連合（17部族）は、プレアデス連合とほとんど同期に発生した民族で、いずれもカシオペア連合の技術供与を受けて育った。

　イーオイア連合とプレアデス連合（新銀河連合）は、元々馬が合ったこともあってか、同盟国（ファラ王傘下）の間柄だった。一方、リブラ連合は創造主が定めたファラ王制度に反対し、独立を維持して、プレアデス連合（新銀河連合）の傘下には決して入らなかった。それは銀河の統一を目指しているプレアデス連合（新銀河連合）にとっては頭の痛い問題だった。

　リブラ連合は、勝手に他民族を植民地化したり、他星の資源を採集したり、はたまた新銀河連合が設けた宇宙船航路に無断で侵入してきて衝突事故まで起こしていた。そこで第

3代銀河ファラ王ゲーオは、神々を介して、プレアデス連合（新銀河連合）が定めた銀河ルールにしたがってもらうように勧告したが、それに対してリブラ連合からはさっぱり音沙汰がなく、いよいよ特使を派遣して話し合いをしなければならなくなった。

かくして一回目の合同会議が天秤座γ《ガンマ》星（ズベンエルハクラビ）の第3惑星（ヤガエ）のリベラ連合本部で開かれた。

プレアデス連合（新銀河連合）の特使とリベラ連合の各国幹部が出席したこの会議は、プレアデス連合（新銀河連合）の特使が、リベラ連合国22部族すべての意見を聞くという民主共和的スタイルで開催された。

プレアデス連合（新銀河連合）が提案する「天の川銀河新ルール」に合意するか否か。「合意する」とした肯定派はリベラ連合22カ国中8カ国。それ以外は反対派が占めた。反対派が優勢であった。「成り上がり者のプレアデスが銀河連合の権力を傘に力で我々を屈従させようとしている」リベラの民族にはこのような反感を抱く民族が多く、時勢をわきまえられない輩が多かった。

それでもプレアデス連合（新銀河連合）側の特使は紳士な姿勢を崩さず、せめて標準航路の安全基準（航路を使用する際の事前通報）だけは守っていただきたいと要請し、その条件だけは受け入れさせたものの、銀河連合に対するやみくもな不信感を払拭させることはできなかった。

会議から戻った特使の報告を聞いた銀河ファラ王ゲーオは、ヒオル如来（天照神）に相談した。「創造主セザナ神に、リベラ連合国が賛同しない旨を伝えてほしい」と。

しかし対するヒオル神の返答は「それは止めたほうがよい」という忠告だった。〝荒くれの大王〟セザナ神にそんな報告をしたら、いったい何をしでかすか見当もつかない。「いますぐ戦争だ」と言うに決まっている。それにリベラ連合内に肯定派が8カ国もあるのに、それを力でねじ潰すのは新銀河連合の汚名となり、長い目で見れば、それは得策ではない、というのが、ヒオル神の下した判断だった。

ところでプレアデス連合（新銀河連合）の特使の名は、アルデバラン人のグヒエラ＝マウという。彼は非常に賢い男性であり、ヒオル神が推奨した人物でもあった。地球人でたとえれば三国志に登場する「諸葛孔明」のような人物で、その聡明さには定評があった。

彼の特徴は、敵国の中に自らおもむいて敵国の内情をよく観察することであった。それぞれの国の代表とよく話し合って人物像をさぐり、その国の内情まで正確に分析し把握する。時間をかけて、その国とリブラ連合との関わり合いや、相互の力関係などを頭に入れてくるのである。

特使の報告ではプレアデス連合（新銀河連合）に追従してもよいとする姿勢を見せているのが8カ国、他に、状況次第では銀河連合に傾くと考えられるのが10カ国、また総帥民族であるヤガエ人も含めて残りの4カ国に関しては説得工作は無理との判断だった。

グヒエラ＝マウは「いま新銀河連合が強制的な圧力をかけるのは得策ではなく、そのようなことをすれば結局は戦争になってしまう」と考えた。もし戦争になれば、双方にとって何の得にもならない。そこで長期的な作戦を練り、プレアデス連合に傾きそうな18カ国と交渉し、銀河連合に鞍替えさせる戦法をとるということだった。

銀河ファラ王も彼の考え方を尊重し、リブラ連合に関してはグヒエラ＝マウに一任することとなった。

グヒエラ＝マウ特使は、その後何度も18カ国を訪問し、各国（各星）の経済に関して話し合いをもった。物資の安定供給や技術供給などの諸問題においては、リブラ連合よりも新銀河連合側につくほうが、はるかにメリットが多いこと、また、貴国においても銀河の未来を担う一員になってほしいことなど、本音の外交を展開した。

やがて特使の誠実さと聡明さが受け入れられ、いつの間にか18カ国はリブラ連合との経済関係をあてにしなくなっていった。

そうした状況下で二回目のリブラ連合との合同会議が開かれた。

その評決の結果に驚いたのは、リブラ連合の四つの幹部国だった。前回とは正反対の結果に慌てふためいた。「これではリブラ連合が総崩れとなってしまう」という危機感を覚えた幹部国等は、結論を先送りにして時間をくれと申し出てきた。

グヒエラ＝マウにとって、いよいよ策士としての手腕を発揮する好機がきた。彼は、こうなるだろうことを予期していた。そしてリブラ連合が、新銀河連合に対して最終宣告、つまり開戦を通告してくるだろうと考えていた。

そのためグヒエラ＝マウは、あらかじめ銀河ファラ王に交渉し、対戦用の装備を確保してもらっていた。その数、５０００機あまりの大艦隊である。彼はまた、開戦時には艦隊司令部の作戦本部長として戦艦に乗り込むことになっていた。

戦争が本当に勃発するのか否か、状況は微妙だった。しかし特使本人は、自らの作戦に自信があった。艦隊が全面的に戦闘する事態にはならないだろうと踏んでいたようだ。

結局、グヒエラ＝マウの読み通りに宣戦布告をしてきたリブラ連合だったが、ふたを開けてみれば、実際に軍隊を派遣してきたリブラ連合国は、幹部国の４カ国だけだった。その軍勢は、すべて合わせても軍艦1100機にも満たないというものだった。

相手は新銀河連合軍である。しかも、最新鋭の高性能戦闘機が、予想を上回る5000機の大艦隊でひかえている。この状況で、もし、リブラ連合から先に発砲すれば集中砲火を浴びることは目に見えており、全滅は火を見るよりも明らかだった。

しかし、リブラ連合幹部においては、戦争を仕掛けておいていまさら尻込みもできなかった。やぶれかぶれの戦闘だが臨むしか道はない――。

リブラ連合幹部がそう決断しようとした矢先だった。

幹部あてに新銀河連合からの通達が入った。

「いま創造主のセザナ神から勅令が下り、残念ながら連合にしたがわない民族は星ごと焼き払えとのことだ。我々にとっては君達が最後の砦《とりで》であるから、全力で臨む。君達がこの戦闘に勝たなければ星は滅び、1人も生き残れないだろう。我々はこれから攻撃を開始する」

次の瞬間、新銀河連合側からの発砲が始まった。

驚いたのはリブラ連合本部である。慌てて「降参する」と申し出てきた。

実は、これはすべて策士グヒエラ＝マウの芝居だった。

リブラ連合側は7台の戦闘機を失ったが、大きな被害はなく、人民も無事だった。無論、新銀河連合側にも被害はまったくなかった。

最後は虎の威を借りた戦法だったが、しかしグヒエラ＝マウは戦争を起こすことなくリブラ連合の平定に成功したのだった。


その後、グヒエラ＝マウはさまざまな銀河の諸問題を無血で解決し、その実績が高く評価され、最終的には新銀河連合の総司令長官にまでのぼりつめた。

彼が残したさまざまな武勇伝は語り継がれプレアデスの伝説となっていった。その中には原始人とも直接対話する、というものもあった。

「無益な戦争に意味はない」とする彼の考え方はやがてプレアデスの伝統となり、基本的には「同じ銀河の同胞同士、同じ人間同士なのだから話し合いで解決できるはずだ」という平和的な外交術が浸透して、新銀河連合は、押しも押されもしない、堂々たる権威を備えた組織へと成長していった。

グヒエラ＝マウの正式名称は「アモーガヒッディ・グヒエラ＝マウ・ヘーイミギイ」、晩年に如来界解脱を果たした彼は小宇宙界に同会し「不空成就如来《ふくうじょうじゅにょらい》」として神界に名を残した。不空成就とは「何事も漏らさずに確実にやり遂げる」の意味である。

第三章　銀河開拓

・プレアデス連合から銀河連合へ——その黄金期の始まり
・創造主特別区「龍神島」
・地球の運動寿命
・プレアデスから最も恩恵を受けた地球人

神々のテリトリー

プレアデス連合（新銀河連合）が天秤座のリブラ連合を平定してから、天の川銀河系には、新銀河連合より他に、大規模な軍隊を有した攻撃的な連合国がいなくなった。そのためプレアデス連合は、単に「銀河連合」と呼ばれるようになる。

また連動するように神界の様相も変わりはじめた。プレアデス系の神々が神界の上位支配権をとりはじめ、下位の神々が勝手な行動をとらないように統制を強めていった。こうすることで古株の神々――リブラ連合を神界から誘導していた好戦的な神は、一斉に力を失い、神界にも一定の秩序とルールが行きわたりはじめた。

ここに銀河レムリア期から続いた混沌の時代はようやく過ぎ去り、プレアデス主軸のプレアデス時代が幕を開ける。

銀河連合は、物質界においても、また神界においても、飛ぶ鳥を落とす勢いで勢力を拡大し、不動の地位を築きつつあった。

「プレアデス連合は、銀河人類に『法』と『秩序』とをもたらすだろう」と考えたのは、創造主セザナ神である。

創造主セザナ神にとっても、銀河の安定がなければ、新体制である〝神々体制〟を構築できず、また他銀河人類をゆっくり育てることもできないため、プレアデスによる天の川銀河の統一作業は願ってもない幸運であった。

創造主が受けもつテリトリーはたいへん広い。一つの宇宙にかかりきっている余裕はまったくない。セザナ神の担当するテリトリーである大宇宙（メシアA球）には14個の小宇宙が存在しており、つまり我々が住み、我々が〝宇宙〟と呼んでいるエリアとは、大宇宙の14分の1の大きさの小宇宙にすぎないのである。

我々の住む小宇宙を管理する神々体制を早く充実させて、残る13の小宇宙にエネルギーを注ぎ込みたいというのが、セザナ神の当時の本音だった。

一つの小宇宙（如来界）の内部には、複数の銀河団（菩薩《ぼさつ》界）が形成される。

我々の小宇宙の内部には19個の銀河団が形成されている。プレアデス銀河連合が存在する我々の天の川銀河系は、乙女座銀河団の中の一つの銀河系にすぎないが、中央回線の本管が入力する聖地銀河系であり、創造主の人間創造作業は必ず聖地からスタートする決まりがある。したがって、天の川銀河系は、大宇宙人類の中でも最初に人類がつくられた場所であり、一番古い人間達がいる場所である。

生前、その生命（人間）の意識がどこに同会しているかで、死後の行き場所が定まってしまう。人間が死ねば神になるが、優秀な生命であれば、その死後に天体磁場へ意識を転写されて天体神となる。たとえば生前に銀河系に同会している方は死後に銀河神（明王神）となり、またその上の銀河団に同会している方は菩薩神となり、さらにその上の小宇宙に同会している方は死後に如来神となる。

当然、円盤に乗って銀河空間を飛び回っていた方は、死後は最低でも銀河神（明王神）となる運命をたどる。

天体磁場は、小宇宙（如来界）も、銀河団（菩薩界）も、銀河系（明王界）も、太陽系（天使界）も、惑星系（天界）も、それぞれに12個の小磁界から構成されている。これは一つの界が12に分かれているということであり、たとえば同じ如来神でも、そこにランク差が生じるという意味になる。48万年前の当時、神の座には意識が入力されていない空座（ブランク）が多かった。

ちなみに当時の神界の様子を述べると、トップの座である第12位（弥勒《みろく》如来位）から、第11位（普賢王《ふげんおう》如来位）、第10位（阿弥陀《あみだ》如来位）、第9位（大日《だいにち》如来位）までが空座であり、第8位（天照如来位）にプレアデスのヒオル神、第7位（須佐王如来位）にベガのシヴァ神が、それぞれの在位に就いていた。無論、その後第6位（不空成就如来位）にはプレアデスのグヒエラ神が鎮座することになる。

創造主は一国（一星）に対して「銀河広域指定民族」を認定する制度をもっていることは前述したが、天の川銀河系に広域指定民族が増えれば増えるほど、天体神に抜擢される優秀な生命も増えることから、早く神々体制を充実させ、人間管理を神々に任せていこうとセザナ神は考えていたようだ。

そこに聖地・天の川銀河系では、優等生民族のプレアデスが実権を握った。セザナ神は安心して他銀河団の人類の育成や、他の小宇宙の開拓にも取り組めるようになった。

そしていまから25万年前に訪れたプレアデスの最盛期に、最後まで空座だった如来界の第12位と第11位に君臨することになる2人の生命がアルデバランに出生し、小宇宙の神々体制がようやく完成をみることになる。

その2人とは、弥勒如来のミトラ神と、普賢王如来のミエル神である。ミトラ神と言っても地球人にはピンと来ないかもしれない。アラー神とかゼウス神、ヤハウェや弥勒様と言ったほうが馴染みがあるだろうか。


プレアデスのゆるぎなき繁栄の背後には、アルデバラン出身の神々の力が大きい。

なぜならアルデバラン民族の人間が死ねば、その生命はアルデバラン出身の神となる。人間が死んで選ばれて天体神に成仏すれば、神界というアストラル世界の業務を行うことができる。地上の人間は物質世界にいて物質しか操作することができないが、反対に神々はアストラル世界にいてアストラル物質を操作できる。宇宙空間での生命維持においてはアストラル界の影響するところが大きい。人間には神々が必要であり、神々が誘導してくれなければ気の利いたことは何もできない。人間が宇宙で活動するには神々の力がなければ何事も成し得ないようにこの宇宙はつくられている。

神の役職は公職であるので、神の人間時代の出身民族に対する贔屓《ひいき》や優遇は禁じられているのだが、しかし敵国に自国の子孫を売るような真似はできないもので、やはり自国の民族が誰よりも可愛い。だから、アルデバランのようなお利口ちゃん民族は、神界にドンドン優秀な人材を輩出するし、重要なポストに着任したアルデバランの神々は、アルデバランの国情を第一優先で考えてくれる。神界にゆるがない人材基盤を築きさえすれば、アルデバランの優位性は不動のものとなり、末永い繁栄を成就できるのである。

宇宙では宇宙船に乗り込むときにも、降りるときにも、また移住するときにも、いちいち神々の世話を受けねばならない。神々の了解を得ないと惑星人は外に出られない。「ロケットで宇宙に出るのに神様なんぞ関係ねぇだろう」と考える地球人は、あまりにも単純すぎてお馬鹿すぎる。

＊

龍神島の「出雲大社」と「伊勢神宮」は、創造主世界の構成と、その裾野である大宇宙の神界の構成を表現したものである。

大宇宙の聖地である地球、そして聖地の中の聖地である龍神島（日本国）の現在の「伊勢神宮」、その外宮《げくう》（豊受《とようけ》）に祀《まつ》られているのが多賀宮《たかのみや》の弥勒如来（ミトラ神）、土宮《つちのみや》の阿弥陀如来、風宮《かぜのみや》の大日如来、そして別宮《べつぐう》（管理宮）の「月夜見宮《つきよみのみや》」が創造主セザナ神の神殿である。内宮《ないくう》（皇大）には天照如来以下、薬師如来までの8名の如来神達が祀られ、その別宮の「月讀宮」には普賢王如来が祀られている。

一般の参拝者の願い事を聞いてくれるのは内宮の神々である。一方、外宮や別宮でのお願い事は禁止であり、そこは「お願い」ではなく「お礼」を述べに行く場所である。

伊勢神宮は基本的に神々を祀る神社、それに対して「出雲大社」とは創造主神社であって、一般の神社とは異なり、格式が別次元に高い。出雲大社は高天原宇宙（六員結晶宇宙＝人間王国）の創造主達（天之御中主神《あめのみなかぬしのかみ》などの天津五神）の「返《かえ》り御霊《みたま》」が祀られている宇宙神社である。

＊

そもそも龍神島とは国ではなく、創造主世界の敷地であって、この島は神界の特別区に他ならなく、本来は人間が住んではいけない神聖な領域だったが、だが、創造主の後継者を選定する場所柄でもある理由から、特別に選ばれた民族を龍神島に移住させた。それが現在の日本人である。

如来界（小宇宙）の内部には19個の菩薩界（銀河団）が存在し、天の川銀河人類が所属する菩薩界は「乙女座菩薩界」である。

菩薩界のトップである第12位の弥勒菩薩とは俗に言う「文殊菩薩《もんじゅ》」のことで、その役割は菩薩界の全体管理である。

また菩薩界ナンバー2である第11位の普賢王菩薩とは俗に言う「閻魔《えんま》大王」のことであり、その役割は神界の取り締まりと刑罰の執行（警察司法業）であって、神界の守護を司る「四天王」もこの位置の菩薩神の仲間に所属している。

また第10位の阿弥陀菩薩とは「聖観世音《しょうかんぜおん》菩薩」と呼ばれており、その役割は人の罪を裁くか、もしくは犯した罪を許すべきか、まるで裁判官のような役割を担っている。

如来神の管轄は19個の菩薩界に及んでおり、出身地の乙女座菩薩界だけを優先するというわけにもいかない。乙女座菩薩界のことはやはり現地の菩薩神が責任をもたねばならないが、乙女座菩薩界も約550個の銀河系（明王界）を有しており、出身地の天の川銀河系だけを優遇することはできない。結局、一番具体的なお世話を焼いてくれるのが明王界であり、明王界に大量の神様人員を送り出さないと真の優位性は囲えない。明王界とは俗に言う銀河指導霊界のことだが、宇宙人の大半が厳格な軍人だったことから「不動明王」や「軍荼利《ぐんだり》明王」のごとく、どこか軍人ぽく、少々いかつい神様が多い。

残念ながら、地球人はいまから1万8000年前、神々協定に基づき、聖地・龍神島以外の民族はすべて「霊魂体宇宙人（オリオン帝国）」の植民地（魂体採集場）となり、彼等に培養される家畜人間となった。これは創造主が譲り渡したことに由来する。その結果、宇宙情報や神界情報は閉ざされ、正常な科学の発達を妨害されて、家畜のように頭をパーにされてしまった。いまの地球人は、パーにされていること自体にも気づかない「愚かさ」である。

創造主は西洋アンポンタン文明に龍神島民が染まらないように鎖国制度をとらせてきたが、西洋カブレした維新の馬鹿どもが鎖国制度を廃棄してしまった。その結果、龍神島民族もオリオン洗脳の弊害を被って、軍事を増強させて他国まで侵略してしまった。愚かな龍神島民族に対する創造主の怒りが「原子爆弾」の投下だった。

＊

読者の皆様に知っていただきたいことは、宇宙真理と、真実の歴史と、正確な宇宙情報と、正確な神界情報と、そして正しい科学である。地球の運動寿命はもう決して長くはない。次元アセンションで宇宙に出るとか、ロケットで火星へ脱出するとか、西洋人のような稚拙《ちせつ》な考え方は捨てて、正しい科学を発達させ、宇宙船で他星へ移住していただきたいものである。

女神ナクム

いまから約40万年前の昔、アルデバラン（テニネ）のピエゲカ宮殿に１人の女の子が誕生した。玉のように美しいその子の名は「ナクム」、父親は第１７３１代アルデバラン皇帝（第１４１７代銀河ファラ王）の「ユイギ・ミエケイゴキ」だった。

王家に誕生する女の子で、これほどまでに美しい女性はめったにないことから、皇帝の可愛がり方も尋常ではなかった。

これは彼女が生まれる数十年も前の話だが、母親の皇后イグネイが神殿に参拝した際に巫女から直接告げられた言葉があった。それは「皇后様はプレアデス連合にとってきわめて重要な女の子を産むだろう」という阿弥陀如来からの「お告げ」だった。

しかし、皇后が最初に産んだ子供は世継ぎの男の子であり、それから13年間イグネイは一度も懐妊することがなかった。イグネイは「いったいあの話は何だったのだろう」と心には思っていたが、まさかこの年齢になって次の子を授かるとは驚きだった。

出産直後、母親の手に渡された子供の顔を見て、イグネイは驚いた。その子には髪の毛が生えており、歯もしっかり生え揃っていたからだ。

やがて母親はナクムの瞳の中に「青き昴」が輝いていることを発見するのだった。

母親は、長女ナクムのアカシック・レコードを知りたくて、複数の神殿を訪ねて巫女達に聞きまわってみたが、彼女の位相バイオンがオブラートのような被膜に包まれて、過去世の記憶情報がまったく見えないのだと、全員が口を揃えて語るのだった。

そこで彼女は、特別に文殊菩薩を呼び出して、神様に直接聞こうと考えた（文殊菩薩は皇后の家系の祖先だった）。

文殊菩薩がナクムの顔を見るや否や、こう答えた。

「ウム……この子は創造主が遣わせた特別な子供だ。何の目的で遣わされたか、それは我々にもわからない」

「彼女の前世も見えないのですか？」とイグネイが尋ねると、

「あれ、位相の中に目隠し呪文が打たれているぞ」と文殊菩薩がそうつぶやいた。

「菩薩様にも見えないのですか？」

「アカシックが読まれないように細工されているが、この子の額にはファラ王マークがついている。どうやらこの子は前世で女性ファラ王をやっていたようだ。これが創造主の勅令マークだ」と文殊菩薩はナクムの眉間を指差した。

イグネイにはまったく見えなかったが、ナクムの左眉の上には「ファラ王マーク」が、そして眉間の中央部には菱形の「女神マーク」が刻まれていたのだった。

過去世で女性ファラ王を経験したアルデバラン皇帝はただ1人、それは43万年前の第1280代アルデバラン女皇帝の「アユエ・ミエケイゴキ（通称ケイ）」だった。

イグネイは考えた。過去世の女帝がいったい何のために再び王家の子供として誕生してきたのか。この子を授けた創造主の思惑を知りたかった。もしかしたら長男が短命だから、それにとって代わるためにナクムを授けたのか？　それともプレアデス連合のなお一層の興隆を願って送り込んできた幸運の使者なのか？　あるいは今のプレアデス連合が間違った方向に歩んできているから、それを是正させる（原点に回帰させる）ために、古代の女王を復活させたのか？　いくら考えたところで母親には創造主の意図がまったく見えなかった。これはイグネイの杞憂とも思える心配だったが、しかし彼女はこの話を夫の皇帝には話すまいと心に誓うのだった。

アルデバランでは王家専用の教育機関が存在し、皇族の子供も一般の子供達と同様に満6歳から19歳になるまで親元から引き離され団体で訓練を受ける。ナクムの兄ルカヒは専門行程を卒業し、続く兵役の後にはそのまま軍に所属、ナクムが成人した頃にはすでに宇宙船に乗っていた。

王家の長女に結婚話が持ち上がったのは、ナクムが満24歳のときだった。お相手の男性（ネウグル）は銀河連合長官の長男坊で、連合の財務局に勤めるエリート官僚だった。この縁談は特に母親のイグネイが仕組んだわけではなかったが、2人は熱烈に燃え上がり、めでたく結婚するに至った。

この頃、兄のルカヒが烏座《からす》のδ星《デルタ》（アルゴラブ）の植民地で発生した反乱を治めに向かったまま、なかなか帰還ができない状態が続いていた。その心配が母親を苦しめていたものの、それ以外はアルデバランの王家には何事も起こらず、安定した日々が続いていた。

翌年にはナクムに待望の女の子が誕生し、静かな王家が突然賑やかになった。

またその年の秋には、烏座に派遣されていた艦隊が無事に帰還を果たし、公務を終えた跡取り息子が元気よく王家に戻ってきた。

イグネイの最大の心配事はこれでやっと解消されたが、「悪魔の顔」と「創造主の顔」の両方をあわせもつセザナ神が、何の魂胆もなくわざわざ王家の中に女神を送り込んでくるはずがない。一見、平穏を取り戻した王家だったが、「いつかきっと何かが起こる」というイグネイの漠然とした不安と心配は、なおも彼女の心の中から完全に消えることはなかった。


そうしたイグネイの恐れが現実になったのは、その年の暮れだった。

「鳥座の生産工場が再び停止した」という一報を受けて、兄のルカヒは急遽《きゅうきょ》、再び鳥座へ出発した。またその直後、皇帝のユイギが突然体の異常を訴えはじめた。診察の結果、皇帝の病気は地球で言うところの「筋萎縮性側索硬化症（ＡＬＳ）」という難病だった。病気の進行が異常に早く、ユイギはわずか2週間で寝たきり状態となり、その体は急速に衰弱していった。

皇帝（ファラ王）の病気はアルデバラン国内だけの問題ではなく、プレアデス銀河連合国の全体の問題だった。側近達は皇帝の引き継ぎ問題があるために、鳥座に派遣された息子のルカヒを直様本国に呼び戻すべきだと考えた。アルデバランと鳥座δ星までの星間距離は約150光年、約4日間の行程だったが、当時は力学通信機が発達しておらず、王子を迎えに行くためにはアルデバランから連絡船を出す必要があった。安全走行では4日間の行程だが、急げば半分の日程で到達する距離なので、連合本部は3台の軍機を迎えに出すこととなった。

一方その頃、鳥座で何が起こっていたのかといえば、鳥座δ星（アルゴラブ）の植民地惑星の工場内で発生した現地人のボイコット運動が他地域にも広がって、アルデバランに供給されるはずの物資がとどこおっていた。

アルデバランがアルゴラブを属州化し、そこに物資の生産拠点を築いたのは、プレアデス連合結成以前というはるか昔の話だった。そもそも、アルゴラブの原始人に文明をもたらしたのはアルデバラン人だった。昔からアルゴラブには荘厳な建築物に使用される上質の「大理石」と「玄武岩」の切り出し工場が存在したが、近くの惑星に豊富なレアーメタル鉱が発見されて以来、「イリジウム鉱石」と「ジルコニウム鉱石」を掘り出すための砕石工場も建てられていた。

鳥座で起こっていた問題の根本は、労働者にアルデバラン人が1人もおらず、工場で鉱物を実際に採掘する労力の担い手をすべて現地のアルゴラブ人に任せきりにしており、その現地支配者（属州長）達が民衆に対して強制労働を無理強いさせていたことであった。

さらに、その中でも近隣の惑星に強制移住させられ母国に戻れない植民地部族が反乱を起こして、それが他の2カ所の惑星工場にも及んだ。それによって3カ所の工場から輸送されてくるはずの物資が全面的にとどこおり、他の連合国家から不足分を買い入れるという事態になっていたのだった。

当時の銀河貨幣には「イリジウム」が使用されており、地球で言えば、アルデバラン固有の金鉱山をアルゴラブの属州長達に任せていたことになる。

これは苦しい肉体労働を嫌う貴族主義アルデバラン人の弱点が招いたことなのだが、早い話がアルゴラブ人が貨幣の価値に目覚めて、上納せずに金の横流しを行い、他国から物品を仕入れて戦闘機まで保有するという事態に発展していた。

そこで、連合組織とは無関係な話ではあるものの、アルデバランは独自に軍隊を派遣して、強い管理体制を敷くことになったのだったが、すでに独立に目覚めた民衆をなだめるのは難しい状況だった。アルゴラブはもはや軍隊の強制力が通用しない深刻な状態だったのである。

皇帝ユイギは、これが自国の問題であるがゆえに、銀河連合の艦隊を投入することをいささかためらっていた。

王子を迎えに行った3機の戦闘機が、5日目の朝に戻ってきたが、そこに王子の姿はなかった。属州長達との協議が決裂するや否や、彼等は王子の身柄を拘束し、捕虜として監禁したという報告が王家に伝えられた。これはアルゴラブ側による派遣軍の攻撃をかわすための卑劣な手段だが、非文明人に対してプレアデスの礼節など通用するわけがなく、そもそも王子を交渉の場に同席させるほうが間違いであり、これは平和ボケしたアルデバラン軍人の痛恨のミスだった。たとえるなら、礼節を重んじる「平家」の正規軍が、ルールもへったくれもない民兵軍団「源氏」にやられてしまうのと同じ理屈――野蛮なアルゴラブ人のほうが賢く、文化人のアルデバラン人は単に間抜けだったのだ。

アルデバランの王子が自国の属州地で敵の捕虜になったという前代未聞の恥話、その報告を受けた皇帝は数日後に死亡し、そして皇后は重篤な精神病を発して病床に伏してしまった。王家を継ぐ者はもはや「ナクム」しかいなかった。

相次ぐ不幸に見舞われたナクムは、一時は悲しみのドン底に沈んでいたが、王位の引き継ぎと銀河ファラ王の引き継ぎが終了した直後から、突然形相を変化させて厳しい顔つきになった。彼女はアルゴラブに派遣した軍隊を呼び戻し、司令官を解任させたばかりか、プレアデス銀河連合軍に対して即刻アルゴラブ討伐を命じた。

無論、連合軍の司令官達からは新プレアデス女王に対してさまざまな意見が出されたが、彼女はいずれも「手ぬるい」と拒絶して、徹底した総攻撃を主張し、反乱を起こした属州長達の極刑や反乱軍の一掃を命じた。

「失礼ですが、お兄様が人質になっております」という意見にも、彼女はまったく動じなかった。女王は言った。

「今後、属州に対する銀河連合の姿勢は次の二つ。彼等の権利を認めて独立に導いてやるか、さもなくば、独立レベルに達していない民族に対しては徹底した強制支配で臨みます。反乱の芽は事前に摘みとらねばなりません。我が国の属州に対する中途半端な扱いが、こういう結果を生んでしまったのです。これは他の連合国属州に関しても同じです。断固とした強い姿勢を見せつけるのです。なめられてはいけません。我が国が建設した工場も基地もすべて、ことごとく破壊して、別の星で建てなおすのです。アルゴラブには徹底した破壊が必要です」

ナクムの美しい容姿から発声される堂々とした力強い言葉に、連合幹部は圧倒され、そして感激した。

「銀河連合の歴史に恥じぬよう、ちゃんとケジメをつけてきてくださいな」という女王の言葉に、男性軍は背中を押されたのだった。

連合艦隊は、神々との交信により、王子がすでに殺されている事実を確認した。当然、艦隊はアルゴラブ本星と掘削工場が存在する二つの惑星に対し、無条件攻撃を加えて、空港や街を襲い、乗り物や機械類をことごとく破壊したばかりか、さらに二つの星に建設された工場や資材そのものを破壊して、アルゴラブの住人を元の原始時代に戻してしまった。それはアルデバランが提供した文明の利器は何一つ残さないという徹底ぶりで、いくつもの街が消滅して姿を消し、アルゴラブ全土の建物が破壊し尽くされた。

さらに艦隊が引き上げた後にも、アルゴラブの全域に火球玉が何日も降り注いで、惑星人類の大半が惨殺され、さらに二つの惑星にいた数万人規模の労働者達も、その全員が焼き殺されていた。――もちろん、これらの犯人は創造主のセザナ神だった。「ひどい」の一言だが、アルデバランの恩恵も理解できないような調子に乗ったアルゴラブ民族をセザナ神が許すはずもなかった。「教育も受けていない原始人に過分な恩恵を与えすぎてしまったから、こういう結果になるのであって、いまさら彼等に再教育を施しても無駄だ。役に立たない民族ならば生かしておく価値もない。だから皆殺しだ」と、セザナ神はそう結論を下したのだった。

セザナ神は、当時のプレアデス連合国に対して〝鈍《なま》っている〟と判断し、昔の連合軍と比較して男性軍が虚弱になっていることを心配していた。長く平和が続くと人間は錆《さ》びついて駄目になってしまう。そこで昔の女王を現世に蘇《よみがえ》らせて定期的に活を入れるのである。3万年前の女性ファラ王を王家に誕生させたのも、それが理由だった。実は3万年前の初代女性ファラ王（ケイ）も、そして2代目の女性ファラ王（ナクム）も同一人物であって、その正体とは「女神ニーデ」だった。


ここで女神ニーデについて触れておきたい。

天の川銀河に存在する4人の人間女神のうち、結婚して子供を産める女神はただ1人で、残りの3人の女神は子供をつくることを許されていない。

ニーデはナクム時代以降、実に1400回以上も生まれ変わり、創造主の工作員として人間界に送り込まれてきた。地球には、いまから4300年前に、コップ座から4人の女神が移動させられた。その中にもちろんニーデも含まれていた。

ちなみに、この本を執筆している現在、ニーデは39歳で、日本国の札幌市で結婚して2人の子供の母親をしている。その前世はフランスで誕生し、また前前世はドイツに生まれていた。ニーデは長い期間、4人の女神を独占してきたローマ帝国にくりかえし何度も誕生していた。ニーデに関しては、彼女が人間として生まれたということ自体に意味があり、それは「その時、歴史が動く」という意味である。

現在、札幌在住であるニーデの前前世のドイツ時代（大空位時代）には、ニーデはミュンヘンのバイエルン公国の君主の娘として誕生し、神聖ローマ帝国皇帝アルブレヒト1世に嫁いでローマ王妃（エリーザベト・フォン・ケルンテン）としてその手腕を発揮した。出生の目的はハプスブルク家の興隆であって、ドイツ（フランク王国）の復活だった（ローマ帝国からの逸脱）。彼女は12名の子供達を産み落とし、長男のルドルフ3世をはじめとして、次男のフリードリヒ3世（美王）、三男のレオポルト1世、四男のアルブレヒト2世（賢公）、末息子のオットー（陽気公）など、優秀な子供達を育てて、ハプスブルク興隆の大基礎をつくった。一方、360年前の前世に関しては、ヨーロッパの三十年戦争の時代のフランスに誕生し、斜陽となったスペイン・ハプスブルク家を完全に潰して、ヨーロッパの活性力をフランスへと導く役割だった。彼女はフランスのブルボン家に誕生し、政略結婚で当時のスペイン王（フェリペ4世）の妃（イザベル・デ・ボルボン）となり、スペイン・ハプスブルク家を滅亡させてフランスにヨーロッパの覇権を移行させた。7名の子供を出産したイザベル（ニーデ）だったが、なぜか子供達は幼児のうちに早世して、長男のバルタサール・カルロス（アストゥリアス公）も間もなく夭折してしまう。末娘のイザベル2世（マリア・テレサ）だけが生き延びたが、彼女がフランスのルイ14世の妃となることは承知の通り、創造主の思惑通りに事が進められた。

いま現在、札幌で暮らしているニーデは、日本人の両親のもとに誕生した黒髪の女性だが、どこの国に誕生しても彼女の美しさとその賢明さはまったく変わらない。また毛穴一つ見えない女神肌と、目の奥に輝く「青き昴」はいつも同じである。ニーデの両親は父親はＡＬＳで死亡し、母親も頭の疾患で病の床についていた。ニーデの両親は必ず病で他界するという、その理由がいったいなぜなのか、セザナ神の心はさっぱり読めないが、何十万年が経過してもその筋書だけは「ニーデのニーデたる証」、その伝統はずっと守られている。

札幌のニーデも乳房を出して赤ちゃんにお乳を与えているが、ナクムの時代にも、初産早々の彼女が、溢《あふ》れ出るお乳を拭きとりながら、銀河連合の指揮をとっていた。天使のごとき美貌の持ち主なのに、飼い犬のシャンプーに風呂場で悪戦苦闘をしていたり、あるいは子供の躾に目くじらを立てている札幌のニーデの姿を見れば、いつの時代に生まれても、普通に母親業をこなしているニーデがそこにいるのだった。

ニーデの物語はこれで終わるわけではないが、そんな彼女が歴史を動かしてきたことは確かなのである。

ベテルギウス啓蒙

いまから36万年前、創造主の勅令が如来界に下り、プレアデス銀河連合がオリオン座の恒星ベテルギウス（第3惑星ブリキオ）に文明をもたらす役割を担うことになった。オリオン座ベテルギウスの文明開拓である。

当時は、オリオン街道が建設されていない時代で、牡牛座とオリオン座は向かい合っているものの、アルデバラン―ベテルギウス間の星間距離が約350光年にも及ぶことから、未開地のルートを切り開きながらの有視航行にはたいへんな時間と労力が必要だった。というのも、何が存在するかわからない未知なる空間をフル速度で航行するのは自殺行為であり、500人乗りの宇宙船が300機、総勢15万人の乗組員という開拓団大編隊を無事に航行させるためには、交信係の戦闘巫女はもちろん、神々の協力や、天体龍神の協力が必須だったためである。

このような未開拓ルートには、航海センサーが設置されていないことから、25光年おきに航海センサーを配置して道を切り開かねばならず、また酸素と水と食料の供給のために、近隣の生物惑星に立ち寄る必要もあった。

結局、15万人の開拓団は、2年近い時間を費やしてオリオン座にたどり着いた。今回は創造主勅令に基づく公務ゆえに龍神が協力してくれたので、これでも早いほうであった。

惑星ブリキオに降り立った乗組員は、とりあえず神々が用意してくれた仮位相と接合されるが、それは5～6年で片づくような仕事ではないので、本国から本位相を運んでもらう必要があった。

ベテルギウス星人は、創造主の言語移植（ヒューマノイド移植）によって、すでに言語を話しており、文字も書けた。これは地球人のように、言葉から教える真正原始人教育ではないことから、主に天体技術（暦）や治水技術、精錬技術や農業技術、船舶技術などの科学技術を伝授していく教育であり、それが彼等開拓団（宣教団）の仕事だった。

開拓時には別段惑星人類全員を相手にしなくても、一部の民族に技術を伝授すれば、言葉も文明も自然に広がっていく。

開拓団には、創造主の規定によって、文明開拓を行う宣教団が、現地の食料を調達するのもご法度《はっと》なれば、また現地の女性と性交渉をもつのも固く禁じられていた。実際に妊娠するからである。実は銀河初期段階ではそうした違反事例がたくさんあったためにこの規定が生まれている。

宇宙航海は航海センサーを設置しながら進むので、行きの行程は時間を要するが、帰りの行程は楽チンで早い。アルデバラン―ベテルギウス間の帰り道はたったの2週間である。したがって人員交代も可能だし、他星から食料を運び入れることも可能となる。

一般にオリオン街道といえば、後世で開拓された、地球からオリオン座を中継して竜座矮小銀河（ＤＤＯ－２０８星雲）に至る、50万光年にも及ぶ大街道を指す。しかしこの頃に開拓されたオリオン街道とは、その長さが３５０光年の小街道のことである。しかしこのとき切り開いた街道が、後々大きな意味を成してくるのである。

人類がよく知るオリオン座を構成する星々は、α星のベテルギウス、β星のリゲル、γ《ガンマ》星のベラトリックス、δ星のミンタカ、ε《イプシロン》星のアルニラム（本書では以降アリニラムと表記）、ζ《ゼータ》星のアルニタク、κ《カッパ》星のサイフ、λ《ラムダ》星のメイサ、π《パイ》３星のタビト、χ《カイ》１星のカイ1、その他の星々という構成だが、このうち、実際に人類が住む星は、ベテルギウス、ベラトリックス、アリニラム、サイフの4カ所のみである。

ベテルギウス―地球間は約400光年、ベラトリックス―地球間は約250光年、アリニラム―地球間は約2000光年、サイフ―地球間は約650光年、タビト―地球間は約26光年であるが、このうち地球と関係をもっていない星はサイフだけである。

地球に一番近いタビトは猿の星である。そのうちのπ3タビトはグレイ猿の生息地（供給地）であり、霊魂体宇宙人のオリオン帝国が身長1メートルほどのチビ猿をヒューマノイドとして使用しているのだが、この姿は「捕らえられた宇宙人グレイ」として地球ではお馴染みの姿であろう。このグレイ猿は月裏に配置されている。

オリオン座の中でプレアデス銀河連合が入植したのはベテルギウスだけだったが、この後（いまから15万年前）において結成された「ヒヨケイ連合（元は銀河連合の同盟国）」がベラトリックスとサイフの宣教に入った。

天の川銀河の人類である銀河人の大半は、天の川銀河の銀盤レコードの中心部約1000光年以内のエリアに誕生しているのだが、そのエリア内で「人類が住む」最も遠い星がアリニラムである（巻頭「天の川銀河系恒星配置図」参照）。
無論、銀盤中心部から何十万光年も距離を隔てた外側に存在する星雲銀河（マゼラン星雲やカリフォルニア星雲など）にはパラパラと人類が存在するが（その数は22カ所である）、銀河人類の大半は、互いの文化の交流を図り得る距離に生息している。

原始人に対する言語移植は担当創造主の仕事であり、セザナ神は26音言語と57音言語という2種類の言語を「ヒューマノイド移植方式」で植え込んでいった。原始人が言葉を喋《しゃべ》るようになっても、必ずしも科学文明が発達するとは限らない。言語と文明は基本的に別物である。したがって先に文明を開花させた先輩宇宙人達に文明の配達係をしてもらう。

ちなみに、言語移植も文明移植もすべて「宇宙人」が行った民族はただ一つ、それが聖地民族の「地球人」である。また反対に言語移植も文明移植もすべて「創造主」が行った民族が、オリオン座の僻地（郊外）に住む「アリニラム民族」である。

人は人によって育てられる。相手が原始人だろうが宇宙人だろうが「人」である事実に変わりはない。肉体と肉体の関わり合い、魂体と魂体の触れ合い、意識と意識が感応し合って、そして心と心が融合し合って、それによって人は育つ。

人間の子供を育てるのも、花を育てるのも、犬猫を育てるのも、原始人を育てるのも、基本は同じである。だから、歴代の人間王国では、先に文明を開花させた人類が、他の未開人類を啓蒙して育てていくという方式を伝統としてきた。

が、例外もある。「アリニラム星人」は、創造主のセザナ神が神語（57音文字＝セザナ神の母国語）で育てて、他人類の手を借りずに直接育てた人類である。その育て方はといえば、複数の創造主ヒューマノイド（自己の分身）を人間界に潜入させて民衆を啓蒙し、高度な科学を移植するという方式であり、短期間で一人前の宇宙人に仕立て上げる〝コンビニエント人類教育方法〞とも言える。

我々の銀河系ではアリニラム星人だけがこの手法で育てられたが、別の銀河団内に位置するボラン銀河団の大半の銀河人類はセザナ方式で育ったコンビニエント人類である。

これは、我々の宇宙には創造主系の「即席人類（コンビニエント人類）」と、神々系の「通常人類」の両方が存在するという意味になる。

セザナ神がなぜ伝統方式とは異なる実験的な手法を試みたのか、その本意はさっぱりわからないが、即席人類が示す、まるで昆虫か機械のごとき、あるいは冷血動物のようなその所作にビックリ仰天したのが、それをつくった当の本人であるセザナ神であった。

結局、育成自体を途中で投げ出して、即席人類とその言語（カタカムナ言語）を抹殺処分にしてしまうのだが、そのおかげで銀河人類に多大な迷惑が及んでしまう。

まあ、この話は『銀河史』の下巻で語られる内容であるが、すべての銀河人類に対して文明の夜明けをもたらすべく、先輩宇宙人達も、神々も、創造主も、懸命に動いてくれたことは確かである。我々がいまこうして宇宙の物語を普通に聞けるのも、先駆者達による文明開花のおかげなのである。

＊

さて、この宇宙は「因果法」で成り立っている。

因果原理とは「作用・反作用の法則」のことだが、平たく説明すれば、「種を蒔かねば収穫もない」「教えないとわからない」「吐かないと吸えない」といった常識的な基本原理のことである。

つまりは原始人が勝手に言葉を覚えて文明を築くことなどあり得ない話であって、教育してくれた民族があってこそ銀河内で文明が発達したのである。藪《やぶ》の民は1億年経っても藪の民のままであることを認識しなければならないだろう。

プレアデス銀河連合の大規模なベテルギウス啓蒙によって、ベテルギウス民族は急速に文明を発達させていった。その結果最終的に、今世の宇宙の中で最も高度な科学を発達させたのが、このベテルギウス民族だった。

そしていまから26万年前、プレアデス銀河連合の最盛期の頃に、創造主はベテルギウス民族の「銀河広域指定」を認めて宇宙航海を許可した。当然、ベテルギウスは属州を返上して銀河連合の同盟国となり、プレアデス傘下の一員へと昇格した。

このベテルギウス民族を育てたおかげで、プレアデスはその将来において、親が子供に助けられるように、その恩返しを受けることになる。

プレアデスに育てられたのはベテルギウスばかりではない。（初期に滅んだ40部族を除く）銀河３４１部族のうち２００近い民族がその文明の恩恵を賜っている。その中でも特に、地球人こそが、最も手取り足取りの教育を受けており、プレアデスの一番の世話になっているのである。

第四章　カニ座とカジキ座の繁栄

・超大勢力へと成長を遂げたプレアデス銀河連合
・持ち上がる人口増加問題
・生命が宇宙空間に出るために重要な「位相」の詳細

カニ座への移住

プレアデス銀河連合の軍事本部は、銀河連合が発足して以来変わることなくアルデバランに存在していた。

プレアデス銀河連合国内では連合各国（星）独自の軍隊を所有する民族はなくなり、同盟国以外のほとんどの国が銀河連合の軍隊へと統一されていった。無論、それぞれの国にも軍事基地は存在するが、それは地球で言う国連軍のような基地であり、銀河連合軍は約120カ国の人種が入り混じる軍隊となっていた。もはや銀河の大半を飲み込んでしまった超大な勢力の銀河連合に対し、戦争を仕掛ける無謀な国は存在しなかった。いまから35万年前の話である。

銀河ファラ王の権威はさらに高まり、アルデバランは太古の昔からの銀河の中心地（聖なる都）かのように、まるでローマのごとく、すべての道がアルデバランに通じていた。

しかし、連合国内の人口増加問題がのっ引きならない状態を呈しており、アルデバラン国内でも他の民族と同様に、人類を別の星に移住させる計画が持ち上がっていた。

無論、そんな移住計画を勝手に遂行したら、セザナ神のご機嫌を損ねて星ごと焼かれてしまう危険性がある。このような場合、まずは如来界へ申請を出し、その如来界の神々からセザナ神の判断を仰いでもらうしか他に方法がない。


申請から数週間後、如来界から報告があった。

それはプレアデス連合民族の移住先の星が「カニ座σ《シグマ》4星　恒星ズジゼブハ第3惑星(ケオン)」であると、セザナ神からの知らせがあったとの内容で、どうやらセザナ神が人口問題を考慮してくれたようであった。

そこで旧プレアデス連合国が協議し、うち6カ国から15億人をズジゼブハ(ケオン)に移住させることになった。アルデバランからは、約5億人の移住者が惑星ケオンに定住することとなった。また、この機に銀河連合の財務局をケオンへ移設することになり、連合軍の新たな基地建設も兼ねて、移住は大規模なものとなった。

ケオンには元々固有の人類が発祥していたが、その氷河期の終わり頃に大規模な自然災害が発生し、多くの種族が死に絶えたことから、セザナ神が言語移植を諦めたという星だった。

さっそくケオンに新たな都市建設が始まり、やがてカニ座のズジゼブハは、未来型の大都市へと変身していった。

そしてそれから5万年後、いまから30万年前頃になると再び人口問題が発生し、銀河連合は再度新たな移住先を申請することになった。セザナ神が許可した星はカジキ座δ星（ミデゼヌザ）の第3惑星ネゲイだった。

地球のSF映画では宇宙船のクルーがどこの星にでも自由に降り立って、その星で調査や作業をしている様子が描かれているが、それは西洋アンポンタン科学の夢話であって、現実に他星へ移住することは簡単な話ではない。たとえ空気があるという適正な物理条件の星であっても、宇宙船から外に出れば途端にクルーは「即死」することになるからである。たとえば水の補給に立ち寄った程度の惑星であっても、事前に神々に申請し、その惑星に仮位相を用意してもらう必要があるというほど、位相とは生命に直結する重要なものなのである。さらにはその仮位相のズザネ管と接合しなければ、人間は他の星には降りられない。仮に星に降り立った場合には心臓停止となる。

そんな難しい制約条件下での民族の大移住は、神界あげての大騒動だった。神々が移住者15億人分の位相を用意しなければならないからである。

宇宙船の乗組員の大半は「単独位相」を獲得しており、彼等がその星に長く滞在する場合には、神々に頼んで母星から自己の「本位相」を運んでもらうのが一般的である。しかし、女性や子供などの一般人を輸送するとなると、多くの者は仮死状態で運ばれるために、輸送そのものが困難をきわめる。また用意した仮位相と一時的に接合しても、移住となると、彼等の場合、本位相を現地でつくらなければならない。


「単独位相」は約3カ月間の時間をかけて、神々が用意する（してくれる）ものである。宇宙飛行士が「単独位相」をもつには条件があり、それは最低でも「菩薩界（銀河団）同会」を果たし、飛行実績や精神修行を積み、神々の認証試験をクリアしているというものである。それをクリアできた者だけが一人前の宇宙飛行士として認められ、動物用（霊長類用）の共有位相（1／8）から、人間用の単独位相に切り替えてもらえる。つまり生物霊界から独立した（切り離された）単独の生命位相が与えられるのである。

一方、「共有位相」とは霊界層に組み込まれた固定位相であって、それを使用しているのは本人ばかりではなく、他の人間や動物の猿も同時に使用している。だから切り離すことができない。

多くのベテラン宇宙飛行士は単独位相を所有していることから、他星で仕事をする場合は、母星にある自己の位相を神々に運んでもらうことができる。神々は銀河系内ならば数分間で運ぶことができるからである。

それに対して、一般の人間は皆「共有位相」のままであり、まだ人間期間（訓練生）の生命体であって、残念ながら「人（human）」とは認められていない。無論、一般人でも菩薩界同会を果たして精神修行を積めば、単独位相を獲得している方もいる。

15億人の一般人を他星へ移住させるというとんでもない事態に、神々が騒然とするのも無理はなかった。一般人は共有位相であるから、とりあえず15億人の仮位相を用意して移住はさせられるものの、もし神々がその後2～3年の間に15億人分の本位相を用意できなければ、彼等の肉体を殺してしまうという結果になるからである。

ちなみに、もしあなたが女性の移住者だと仮定すると、女性専用の雌位相であなたの生命型とまったく同じ共有位相をつくり、さらに母星の本位相から個人の生命バイオンと個人のアカシック記憶を抽出してきて、それらを新しい位相のほうに注入しないと本位相とはならない。本位相を装着しなければ、人間は、新しい惑星で何年も生き続けることができない。

そんな霊界構造の常識も知らない無知な人類に対して、創造主が「銀河広域指定」の認可を与えるはずもない。創造主視点であるために地球人に対しては文句ばかりになり申し訳ないが、地球人類の宇宙に対する無知にもう少し物申すなら、懐中電灯の灯が見えるような低軌道をシャトルが周回して「宇宙から生還しました」と報告するのはやめていただきたい。NASAやJAXAは、燃料ロケットで火星まで人間を運べると本当に思っているのだろうか。幼稚園児でもあるまいし、地球人の「宇宙ごっこ」はもうたくさん、火遊びはやめていただきたいものである。

さて、銀河連合は5万年の間に2回の大規模移住を神界に申請し、それが受理されて、なんとか人口問題をクリアした。カジキ座のミデゼヌザ（ネゲイ）には、カニ座のズジゼブハ（ケオン）と同様に15億人の民間人を移住させ、また、そこには銀河連合の産業省を移設して、未来型の新しい商業都市をつくり上げた。

さらにその3万年後（いまから28万年前）には、アルデバランに存在した銀河連合軍本部をイルカ座のβ星（ドニチゼブズ：地球名ロタネブ）の第3惑星（グイフリ）へ移設するという大改革も行った。無論、いずれも創造主の許認可をとりつけての話だが、この引っ越し作業のおかげで、ミデゼヌザとズジゼブハとドニチゼブズの新興都市が大繁栄をきわめることとなり、プレアデス銀河連合には黄金期が訪れることになる。

一方、アルデバランには「ファラ王宮殿」と「連合政府」と「連合議会」と「連合裁判所」ぐらいしか残っておらず、「聖」なる街は、ますます静かで厳《おごそ》かな首都へと変貌していった。

ここで当時の人間界と神界の関係性についてみてみると、通常は、神界を代表する創造主セザナ神が人間界を代表する銀河連合側に対して要求する、という事例が圧倒的に多かったのだが、そのセザナ神（神界）からの勅令公務（文明宣教団の派遣）を銀河連合側（人間界）が確実にやり遂げるほど、神界側もまた銀河連合側の要求をのまざるを得なくなり、セザナ神に象徴される神界と、銀河連合に象徴される人間界は、両者の微妙なやり取りで関係が成り立っていた。

当時の銀河連合に対し「勅令公務」以外で神界が要求してきた特別な項目は主に四つ、一つは、聖地守備隊の専属派遣（４００万人）、

一つは、人間遺伝子を管理する特殊専属部隊の派遣（20万人）、
一つは、神々ヒューマノイドを管理する特殊専属部隊の派遣（20万人）、
一つは、魔界管理をする特殊専属部隊の派遣（20万人）であった。

これらを解説すると、まず聖地守備隊の派遣先星とは無論「地球」のことである。

次いで、人間遺伝子操作の特命を行う部隊とはカシオペア座のμ《ミュー》星（マルファク）の第3惑星（マイグ）に移住させた20万人のアルデバラン人で、一般的には「カシオペア・プレアデス」と呼ばれる、銀河連合には属さない独立した神界専用の民族である。

また神々ヒューマノイドを管理する特殊専属部隊とはエリダヌス座のβ星（クルサ）の第3惑星（ギアク）に移住させた20万人のアルデバラン人で、一般的には「エリダヌス・プレアデス」と呼ばれる神界専用民族である。

さらに魔王セザナ神（創造主は魔王でもある）の側近として働く特殊な役割の部隊とは、わし座のγ星（タラゼト）の第4惑星（ケイヨ）に移住させた20万人のアルデバラン人で、一般的には「わし座・プレアデス」と呼ばれている。

これら4公務に関連する4カ所は神界の特区であり、そこに住まう民族は、ファラ王が率いる銀河連合には属さないという、神界お抱えの特殊民族となる。

銀河連合側としても、これらの特区民族に対しては同胞意識はもっておらず、セザナ神

の側近民族して特別扱いをしていた。

ちなみに、この四つの特殊部隊が最も活躍した舞台は他ならぬ「聖地・地球」であった。また地球の中でも創造主の返り御魂を置く龍神島民族6000万人に対して「インプラント神（誘導神）」を移植したのは「カシオペア・プレアデス」の遺伝子船の仕業である。

そして人間界に次々と神々ヒューマノイドを送り込んで特殊工作をほどこしてきたのは「エリダヌス・プレアデス」の仕業であり、魔界管理者を操作して地上の人間に悪行を及ぼしてきたのは「わし座・プレアデス」の仕業である。

彼等はセザナ神の人間実行部隊ともいえるが、プレアデスとは名ばかりで、神界の手先として働くように特殊に改良された人間達だった。彼等は2万年前に人間を脱して霊魂体宇宙人となってもその活動を止めることはなく、つい十数年前まで地球工作を行ってきたが、セザナ神の後継者である新ソロジンによって滅ぼされている（『ソロンとカリン　龍神物語』参照）。

アルゲヌビのゴマ陰謀

この話はいまから28万年前、クジラ座η《イータ》星（デネブ・アルゲヌビ）の第3惑星（ゴイウ）で起こった実話である。

アルゲヌビは、いまから32万年前頃、セザナ神の勅令によって銀河連合の開拓団が入植した星で、住民は原始人ではなく、すでに言語を喋っていた。その後、属州化されて銀河連合の一員となった。惑星ゴイウには豊富な鉱物資源と特産物があり、鉱物の採掘工場が建てられた。また特に香辛料（主に白ゴマ）の生産地としても有名だった。植物のゴマは比較的乾燥した土壌を好むことから、ゴイウの惑星環境が合っていたと考えられる。

銀河連合の属州ではあるものの、アルゲヌビの人々は特産物のおかげで生活水準が高く、比較的豊かな生活を送っていた。街には連合が運営するマーケットが存在し、住民達はお金を払えばいつでも欲しいものを手に入れることができた。浮上自動車も、浮上オートバイも、メガネも、双眼鏡も、ボードも、たいていの人が所有していた。
鉱山で働く人々も、またゴマの生産工場で働く者達も生き生きとしていたが、教育水準や文化度は低く、これは他の一般属州と変わりはなかった。彼等は銀河連合のおかげで豊かな暮らしができていたのだった。

ゴイウのゴマは風味が上質で、また栄養素が豊富に含まれている理由から大人気で、昔から銀河連合の多くの者達が料理に利用してきた。

あるとき事件が発生した。
プレアデスの連合民族の家庭で鬱病《うつびょう》が流行し、それがまるで伝染病のように拡大し、星々をまたいで伝播していったのである。それはやがてズジゼブハ、ミデゼヌザ、アルデバランなどの大都会にまでも広がり、連合政府は大慌てで「流行性鬱病」の原因解明にやっきになった。

当初、この鬱病は、ウイルス感染や放射性ラジカルが原因ではないかと疑われたが、調査の結果いずれも該当せず、原因特定がなかなか進まなかった。
患者の多くは、ドーパミンなどの神経分泌物が不足する症状を呈していたが、いったい何が脳のホルモン分泌に影響を与えているのか、それが特定できなかった。

また一方で、星によっては鬱病が流行らない国もあることがわかった。さらにまた学生や軍関係者にも被害がほとんどなく、特に属州の民衆にはまったく被害が出なかった。調査の結果、中流以上の贅沢な生活をしている人達にこの鬱病が広まったことがわかった。

そこで原因として食べ物が疑われたが、しかしその原因が「香辛料のゴマ」だとわかるまでには若干の時間がかかった。具体的には、ゴマの中に不自然な化合物が混入していたことが原因だった。

ゴイウ産のゴマは高級品だった。一般庶民は安価なゴマを使用しており、それで病気にはならなかったのだ。

ここで一つの疑問が生じた。ゴイウ産のゴマは古くから人々に使われてきた。なぜ突然、流行り病の原因になったのか。なぜ昔から使用されてきたゴマの成分の中に、突然、不自然な化合物が入ったのか。

外から薬品を注入された形跡はなかった。また収穫されたゴマを調べても毒物は検出されなかった。

科学者も当初はチンプンカンプンだったのだが、ゴマの成分の一つである「リグナン（ポリフェノール様物質：セサミン）」と呼ばれる植物エストロゲンの一種が、不自然な化合形態を呈していたことがわかった。

その後、さまざまな検証実験が行われた結果、ある特殊な磁気処理をほどこすとセサミンが変異して毒物に変性する事実がわかった。

そこでゴイウの生産工場を調査してみると、件《くだん》の磁気装置が発見され、担当の工場長や、それを強制させたアルゲヌビ政府の役員達が逮捕された。


これで事件は解決したかのようにみえたのだが、そうはいかなかった。

問題は、逮捕された犯人――2人の役員だった。彼等は無教養な現地人であり、磁気装置など開発できる能力をもちあわせていなかったのだ。この役員に「いったいこの装置を乾燥機に仕掛けたのは誰だ?」と聞けば、「私だ」と素直に自白するものの、問いただしてみても、そこには悪気がさっぱり感じられないのである。

役員達はさらに、夢のお告げで「この機械を乾燥機に取り付けなさい」という神様の言葉を聞いて、実際にその場所に行ってみるとこの機械が置いてあり、機械を取り付けてみたところ「ご苦労様」とお礼を言われたので嬉しかったと、そう答えたのだった。

もはやこれは人間が仕掛けたものでないことは明白だった。

そこで巫女が呼ばれ、プレアデス系の神々を呼び出して調査が行われた。しかし神界全体を隈なく調査しても、何一つとして証拠が出てこなかった。

ただし、疑わしきものは浮上した。

通信記録の追跡調査で、当時のオリオン・アリニラムの神（明王）と、創造主の専属機関である「わし座・プレアデス」が連絡を取り合っていたという回線記録が残っていたのである。

しかし、ここ惑星ゴイウから2000光年も離れたアリニラムがこの事件に関係しているとは思いがたく、また国交もなく、さらに絡む相手が創造主の側近では取り調べることすらできない。

結局、何が何だかサッパリわからないまま、プレアデス銀河連合に対して意図的に攻撃を仕掛けてきた神々がいた、という事実だけが明白になった。

この話は、当時「アルゲヌビのゴマ陰謀」として迷宮入りの事件になった。しかし、いまとなってみれば、誰が犯人だったのかは明白に理解できる。犯人は創造主の「セザナ神」だった。

この迷宮入り事件は、事件としては小さく、また不可解なものだったが、その後の銀河史の展開における重要な布石となる。

アンナの生涯

この天の川銀河では、人間が存在する惑星（水の惑星）には必ず「龍神島」がある。アルデバランの惑星テニネにも「龍神島」が存在し、そこには古より龍神（ドラゴカヒグ）が住んでいる。アルデバラン人にとって、龍神とは「魂を抜かれる」恐ろしい存在だった。

銀河連合の、どの民族の星にも龍神島は必ず存在しており、そこは禁断の地であって、人間が踏み入ることのできない聖域となっているのだが、龍神島に人間が住んでいる星がある。地球である。それは宇宙で唯一、地球だけの特権なのである。

水の惑星というのは、その形成は同じ道筋をたどる。どの星もほぼ同じく、コア膨張にともない深い海の底から大陸が顔を出してくる。海底でマントルが冷えて固まった最初の表層部が膨張の圧力でヒビ割れて大陸間が自動的に開いていく。したがって、どの星も大陸の形状がよく似ており、最も広い太平洋を挟んでアジア大陸とアメリカ大陸とに分かれ、龍神島は必ずアジア大陸側の東海に形成される。龍神島は、その北緯も緯度もほぼ同じ位置になる。水の惑星はどこでも似たような大陸配置になっている。

アンナが誕生したのは地球で言うアメリカ大陸、カナダの中央部サスカチュワン州にあたる山の中だった。自然美は豊かなところだが大田舎だった。アンナは雑貨店を経営する両親のもとに長女として誕生し、その下には弟と妹が立て続けに生まれた。決して身分が高い家柄の子供ではないが、アンナは街一番の美人だった。

銀河連合の首都であるアルデバランといえば、皇族や貴族しか住んでいないようにも思えるかもしれないがそうではなく、実はこれは恥部と言うべきものなのであるが、まるでインドのカースト制度のような階級差（ヌネアヒ制度）が存在していた。

テニネの社会は大きく四つの階級に分かれていて、またそれぞれの階級が二つに分かれていることから、正確には8階級の身分差に分かれているという不平等な社会構成だった。一番上の高貴な身分が「キイヌゲキ（AとB）」、二番目の身分が「コイゴコオ（AとB）」、三番目の身分が「ヌイリオン（AとB）」、四番目の身分が「クイニエオ（AとB）」である。

アンナの家柄はヌイリオンBに属していた。実はこの家柄の階級差は地球も同じであり、また連合国もすべて一緒となる。銀河の大半の民族には階級差が存在しているのである。

8階級差を平易な言葉で置き換えれば、1族は皇族、2族は貴族、3族は武家（政治家）、4族は官僚（文化人）、5族は起業家、6族は商売人、7族は自然産業経営者、8族は肉体労働者という順位となる。アンナの家柄は6族の商売人という家系だった。

この、階級における学校教育は平等なのかといえば、実は学校も階級差に応じて4種類に分かれており、ヌイリオンの子供はヌイリオンの学校に通わなければならなかった。無論、分かれているのは学校だけではない、寺院もマーケットも居住区も階級差で分かれており、また軍隊の役職も、ホテルの部屋も、結婚相手すらも階級差に応じたものだった。

アンナは19の年に義務教育を終えて、その後は生家に戻り、店員として働いた。彼女はあまり社交的なタイプではなく、家から外に出るのは犬の散歩か、お店の配達ぐらいなもの、友達付き合いも苦手で、休みの日にも家事を手伝っているほうが多いという寡黙な淑女タイプの女性だった。気品を感じる清楚な美人だったことから、とてもヌイリオンの女性には見えなかった。こうしたアンナの天性の品格と美貌には、両親も「トンビがタカを産んだ」ような「何か間違って生まれてきた子供」だと思っていた。

もし、ここが地球であるならば、アンナほどの美貌があれば「シンデレラ・ストーリー」があってもおかしくはない話なのだが、アルデバランでは絶対にあり得ない話だった。

キイヌゲキの男性がヌイリオンの女性をめとる行為は、人間の男性がチンパンジーの雌と結婚するのと同じという感覚であった。そうした人間の心に刻まれた「深い闇（差別）」をアルデバラン人から一掃することは不可能だった。

アンナ自身は、目の前の現実を生きることで精一杯な女性で、社会に矛盾を感じて立ち上がるような行動的なタイプではなかった。弟と妹の義務教育が終われば家族は大所帯となり、その分、生活が苦しくなるのは目に見えていた。

そんなアンナの抱く夢とは、宇宙船に乗って外の世界を見てみたいということと、神秘の島である「龍神島」を一度見てみたいという単純なものだった。

ある日の朝、アンナが犬の散歩で公園を歩いていると、手前から軍服を着た男性が高齢の母親と一緒に歩いてきた。犬が軍服の男性に異様に懐くことから、普段は無口なアンナにしては珍しく、彼女のほうから世間話を持ちかけた。軍服の男性は、兵役後にそのまま入軍した職業軍人（宇宙船の機関士）で、いまは休暇で里帰りをしている様子だった。

その日以来、アンナは毎朝の散歩で彼と会い、互いの話をするようになった。

彼の名前は「ヒューゴ」といい、アンナと同じヌイリオンBの男性で、たいへん紳士的な人柄（満32歳）だった。

ヒューゴの2週間の休暇期間はあっと言う間に過ぎてしまった。2人は文通で連絡し合うことを約束して、最後の別れの日がやって来た。彼の熱い抱擁と濃厚な接吻が、アンナには忘れられなかった。が、半年経たないとヒューゴは絶対に戻ってこない。いつの間にかアンナは彼の帰りを指折り数えるようになっていた。だがアンナの願いは叶わず、半年後のヒューゴの休暇は軍の都合で取り消され、ヒューゴの艦隊は遠い星へと派遣されてしまった。

次の年に弟が家に戻り、その次の年には妹が帰ってきて、アンナ一家はだんだんと賑やかになっていった。

そして3年後、長女のアンナはもう23歳になっていた。その年の夏にヒューゴの艦隊がアルデバランに帰還した。2人はようやく再会し、無事に結婚するに至った。

軍部の特権で、新婚旅行は妻と宇宙へ出られるのだが、アンナの実年齢が規定に至らないために宇宙航海を医務室で過ごすのは嫌だと考えたヒューゴは、テニネの景勝地を巡る「ムーン・トレイン」の新婚旅行を提案した。この旅行ならば、アンナが憧れる龍神島のすぐ側まで行けるからである。するとアンナは「ムーン・トレイン旅行」を拒否して、何がなんでも宇宙船に乗りたいと言い張った。最初は「無理だよ」と言っていたものの、そのうちにヒューゴは諦めて「そんなに見たいのならば」と、彼女に宇宙を見せてあげようと思った。

新婚旅行の行先が決まり、家族や友人に見送られて、カニ座のズジゼブハ行きの定期便に乗船した新婚夫婦だったが、アンナはすぐに医務室に連れていかれ、ベットに縛られた。宇宙航海時には通常、同会（覚醒）者か否かなどの乗船検査を受けるのだが、満23歳で覚醒している人間は誰もいないという理由で、アンナは無審査で医務室に連れられ、ベッドに固定されてしまった。

ヒューゴはアンナに付き添ってベッドの側でずっと見守っていたが、しかしいつまで経ってもアンナが目を閉じることはなかった。慌てて医者を呼んで診てもらったが、驚くことにアンナは仮死状態を呈しておらず、しっかりと覚醒しているのだった。これには医者もヒューゴも「信じられない」とビックリ仰天だった。

ズジゼブハに到着するまでの航海時間は約4日間、奇跡としか言いようがないが、とにかくこの新婚夫婦は、夢のような宇宙旅行を2人で満喫することができた。星々の煌《きら》めきの中を宇宙船は滑るように航行していく。その光景が走馬灯のように通り過ぎては、忘却の海の中から遠い過去世の記憶を次々といまに蘇らせる。アンナの目の奥には昴が輝いていたのだった。ヒューゴが「なぜ涙を流している」と尋ねると、アンナは「懐かしいから」と答えた。ヒューゴは思った。「アンナは人間ではなく女神なのだろう」と。

ズジゼブハの都市ケオンは夜を迎えていたが、上空から見るその都市は、まるで宝石箱のように華々しく光り輝いていた。250階建ての高層ビルが無数に林立しており、周辺には何百台もの宇宙船が飛び交っている。高層ビルの周囲には網の目のように自動車道が完備されており、夜間なのに大量の浮上自動車が走っていた。ケオンには銀河財務省があることから、商業の一大中心地となり、銀河中から人々が集まってくるために歓楽街も発達していた。

アルデバランからの定期船が外来ターミナルに到着すると、ホテルからのお迎えが来ていた。宿泊先のホテルの部屋は300階建てのタワービルだった。アンナ達が泊まるのはその180階だった。ホテルのロビーですれ違う大半の人間は、聞きなれない言葉を話す他星人だった。

アンナには一生に一度の夢のような新婚旅行だった。アルデバランに戻れば毎日の生活が待っている。でもヒューゴと一緒に暮らせるならば、アンナには何もいらなかった。

家庭的なアンナにとっては、ヒューゴのお世話を焼くことと、子供を育てることのほうが喜びだった。彼女は家庭の台所に立ちたかった。小さな世界の中でも、また大きな世界の中でも、アンナは家庭に価値を見出していた。

家庭（台所）を守ることは、祖国を守ることや、銀河連合を守るのと同じ意味をもつ。そもそも家庭も守れない者にどうして祖国を守れるだろうか。台所は未熟な生命が立つ場所ではない。そこは親業（義務と責任＝愛）ができる者の居場所なのである。少なくとも、アンナはケオンのような華々しい虚無の世界に憧れて、そこにずっと住みたいと願うような尻の青い生命ではなかった。

しかし、人生とは皮肉なもので、アンナの小さき幸せまでも奪い去ろうとする。この先、激動の人生がアンナを待ち受けていたのだった。


翌年の春にアンナは「女の子」を産んだ。そして立て続けに、翌々年の夏には次の「女の子」が生まれた。それまでは何もかもが順調だった。

その年の秋口から、突然実家の父親が倒れて身体が不自由になった。父親の病気は「ＡＬＳ」だった。またそれと同時に、母親が怪しい言動をとるようになって店当番がつとまらないという報告が弟からきた。医師の診断によれば「アルツハイマー型認知症（六道劣化病）」とのことだった。いずれもプレアデス医学では太刀打ちできない病気だった。

アンナの妹は昨年結婚して遠い地に住んでおり、独身の弟1人が店を経営していたが、弟には兵役の期限が迫っていた。2人の乳飲み子を抱えたアンナだったが、母親の面倒を見ながら店番に立たなければ、実家はお酒の配達もままならない状態だった。

アンナは子供達が学校に行く年齢まで頑張ろうと思ったが、父親が死ぬと同時に母親の認知症の度が進んで状況は困難になっていった。孫に暴力を振うし、全裸で街を徘徊するわ、酒瓶は壊すわ、もはや警察沙汰であり、仕方なく精神科病院に入ってもらうことになった。

弟は4年間の兵役に服さなければならず、アンナはそれまで1人で屋台骨を背負わなければならなかった。弟が軍隊から戻ってくる年には上の子が学校に行く。「4年間の辛抱ということね」とアンナは考えた。

幸いヒューゴの妹夫妻が近くの街に住んでおり、ヒューゴの妹が毎日バイクでお手伝いに来てくれた。それでずいぶん助けられていたのだが、今度は高齢のヒューゴの母親が倒れて寝込んでしまった。

アンナ奮闘記も最高潮に達していたが、アンナの心の支えはヒューゴだった。普段はアルデバランにはいないヒューゴだが、彼の固定サラリーで、なんとかお店を潰さずに、ギリギリも運営ができていたのだった。

小さなお店ではあるが、弟が継ぐお店を守ってやること、それがアンナにできる精一杯の家族愛だった。

アンナは「女神ニーデ」の生まれ変わりだった。

創造主スパイの身の上だから、本来はもっと高い身分に生まれて連合政府などの操作をするのが通常なのだが、今回、創造主は、下級層のヌイリオンに女神ニーデを誕生させて、一般平民の様子をうかがっていたのだった。無論、アンナ自身とセザナ神は無関係、創造主は、アンナの眼や耳を借りて下界の様子を見ているにすぎない。

アンナの長所は、どんな苦労を背負っても人格が安定していて、卑しくもならないし、投げやりにもならないし、また見窄《みすぼ》らしくもならないことだった。とにかく目の前の現実を一つ一つ片づけていく。そのようにしか動かない。それは鉄の意志というべきなのか、それとも機械というべきか——その不動の境涯には頭が下がる。

それから40年後、アンナが守り通した小さな雑貨屋は変わらず同じ場所にあった。お店の運営を弟夫妻に譲ったものの、満77歳の喜寿を迎えたアンナは、まだ店番を手伝っていた。

街角に立つ一軒の古いお店、風情を感じさせるそのレンガづくりの建物には、いつも四季折々の花々が飾られ、猫が寝そべっているその傍らにはアンナお婆ちゃんの姿があった。

ヌイリオンの貧相な商店街の中で、そこは単なる雑貨屋なのに、まるでこのお店だけに陽光《ようこう》が射し込んでいるような趣《おもむき》があった。品が良いと言うべきか、魅惑的と言うべきか、お店の佇《たたず》まい自体が詩的な余韻を放ち、歩く人々を魅了していた。

街の人達は、いつの日からか、このお店を「アンナのお店」と呼ぶようになった。

アンナのお店の佇まい、これは、女神の額（女神マーク）から放たれる強烈な磁力線が銀河磁場圏に呼応して、銀河の活性パワーが増幅されて、アンナとそのお店に降り注いでいたからこそであった。その空間だけが人間社会の闇（人種差別）から解放された、自由で平等な雰囲気を醸し出していたのである。

我々地球人はプレアデス星人によって育てられた。

彼等からは愛の恩恵もたっぷりいただいたが、プレアデスの良き伝統も、また悪しき伝統も、多分に引き継いでいる。

民族的に言えば、プレアデス文化が最も強いのはインドなのだが、龍神島民族にもインドのカースト制度とよく似た、士農工商という四つの階級差が存在した。プレアデスの良き伝統は学んで守りたい、しかしプレアデスの悪しき伝統は要らない。それはたぶん、創造主もそう思っていたのだろうと思われる。

人間世界と同様に神々の世界も四つの階級（正しくは8階級制度）に分かれている。この宇宙は基本的に「差の世界」だが、人間生命そのものに元々差が存在するわけではない。

結局、プレアデス文明が滅び去った理由の一つとして、人間同士の身分差の是正に努めなかったことが要因にあげられる。

第五章　プレアデス黄金期（女王カヌエ）

・神界の完成
・人類平和と安定の先に実現したこと
・人口超過による惑星の力学圏の崩壊

クーデター未遂事件

7カ国の連合組織からスタートしたプレアデス連合国は、第一次カシオペア戦争では15カ国、第二次カシオペア戦争では21カ国の連合組織となり、その後さらに15カ国の加入国を増やして、36カ国の連合組織となった。

この36カ国体制時のプレアデス連合が、神界から「銀河人類の統治」を一任された。

そこで、それぞれの国から代表者を選定し、銀河政府組織を立ち上げた。

そのようにして、いまから約48万年前に新生「銀河連合」がスタートしてから、多くの国々が連合に参入し、26万年前にはその数185カ国に達した。

そして最終的には、銀河381部族（実質は341部族）の58％にあたる197カ国にまで勢力を伸ばした。これは聖地（地球）から1000光年以内に存在するすべての国々をその傘下に収めたことを意味している。

銀河ファラ王が支配する超大な銀河連合組織だが、しかし銀河政府を運営しているのは各国から選出された代表者ではなく、銀河人類の統治を一任された当時の36カ国からなるプレアデス連合だった。

つまり36カ国以外の国にとってみれば「銀河連合」とは名ばかりの組織であり、実際のところプレアデス連合国以外の加盟国は皆「属州」扱いだった。同じく「銀河連合〝軍〟」と言っても、早い話が「プレアデス連合〝軍〟」であり、当然、銀河連合内部に不満が出ないわけがない。

36カ国の星々は、それぞれ自国専用の軍隊を有し、地球で言うところの国連軍のような軍隊組織（銀河連合軍）を共同で分担し合って出兵していた。銀河連合軍は、当初こそハイテクを装備した無敵の軍団（戦闘機を8万台所有）だったが、時代が経つにつれて技術改革に遅れをとり、旧型のポンコツ戦闘機しかもたない時代遅れの軍団へと変じていった。つまり長い期間にわたって、実質的な戦闘がない平和な時代が続いたために「危機感がゼロに等しい」腑抜《ふぬ》けの軍隊へと変貌していたのである。そして、ある事件をきっかけにそれが露呈し、銀河政府は「肝を冷やす」結果となる。

またその事件を契機に銀河政府への不信感を募らせた150カ国にも及ぶ属州国家が結託し、軍事的なクーデターを引き起こす直前まで事が進んでしまう。

時代の推移とともに人も社会も国も変化していく。

銀河連合が大きくなれば、それに応じて管理体制も変化させていかねばならない。旧態依然の統治形式でいつまでも支配ができるわけはなく、それは人間世界ばかりか、神界でも創造主世界でも同じことである。

いまから26万年前のこと、オリオン街道に国籍不明の宇宙船団が出現した。当然、最寄りの宇宙基地から銀河連合軍の戦闘機が迎撃にあたった。が、いくら交信を試みても国籍不明の宇宙船団からは何の答えも返ってこないため、監視船は脅しの砲撃を撃つこととなった。

相手は13機の編隊で、その黒塗りの船体の機影からうかがう限りでは戦闘機のような風貌をしていた。連合軍が威嚇照射を行うと、相手は一斉に散らばって、あっと言う間に監視船の背後にまわり込み、連合軍機は敢《あえ》なく撃墜されてしまった。敵は桁違いの速度を誇る高性能な円盤だった。

オリオン街道には、合計で6カ所の連合軍の航路基地が存在し、３００台以上の戦闘機を保有していたが、たった13機の小編隊によって、基地はもとより３００台の戦闘機すべてを失う結果となってしまった。

幸いオリオン街道には同盟国のベテルギウス基地が存在しており、連合軍側がベテルギウスに対して応援を要請した。ベテルギウスの軍事力が追加されれば1万機の迎撃機が相手となる予定だったが、それではさすがに分が悪いと感じたのか、正体不明の宇宙船団は銀河の奥へと逃げ帰っていった。

この衝撃的なニュースは、瞬く間に連合国内に広まり、銀河連合軍の脆弱な軍事力が浮き彫りとなった。銀河政府は神々に追跡調査を依頼したが、オリオン街道から1000光年までは追尾できたものの、結局どこの星の軍機なのかという彼等の正体はわからずじまいだった。


「銀河系内に、銀河連合よりも進んだ科学技術を有する人類がいる」

このたいへんショッキングなニュースは連合国を揺さぶり、銀河政府は慌てふためいた。プレアデス連合国の幹部会議が何度も開かれて、今後の対策が協議されたが、意見はまとまらず、結局、緊急に「第一回同盟国（属州）会議」を開くことになった。

185カ国の代表者がアルデバラン・テニネに一同に集まり、約1カ月間にも及ぶ討議が行われた。その席上では、プレアデス連合国よりも属州国のほうがずっと優れた科学を発達させていた事実が明らかになった。銀河連合軍の時代遅れの軍事力が指摘され、銀河ファラ王の権威だけではもはや通用しない時代に突入したことをプレアデス連合36カ国が思い知らされる結果となったのだった。

結局、最初の同盟国会議では、今後の銀河連合における重要決定事項は、少数派の「連合会議」で決定されるのではなく、全体の「同盟国会議」のほうで決定してファラ王承認を得る、という形式にするという取り決めだけが成立し、他の課題に関しては意見がさっぱりまとまらなかった。

銀河連合は、もはや同盟国の力を結集しないと運営できないところまで追い込まれていた。プレアデスの貴族主義（権威主義）はもはや通用しない時代になったことを示していた。

「第一回同盟国（属州）会議」の後、属州長達があちこちの星で小会議を開き、連合内部に不穏な動きが出はじめた。結局、第二回の同盟国会議の招集を行ったが、欠席国が多く、全体会議は中止になってしまった。

これを受け、プレアデス系の神々も、銀河連合内部で「軍事クーデター」が勃発することを懸念した。

そこに、どうやらプレアデス連合国の二つの国――一番最後に連合組織に加わった第4位の二つの国、ヨーグ星人とキチイオ星人――を中心に属州国家が集結しており、カリスマ的な人物が新銀河連合の立ち上げを画策している、という噂が流れてきた。

如来界の神々は、揺れ動く銀河連合を一つにまとめて固い結束に導いていく新しいリーダーの出現が必要だと感じていた。

そうした神々の意向を受け取ったのだろうか、現行の銀河ファラ王が突然引退を表明し、その政権は、わずか20歳の娘の「カヌエ王女」が引き継ぐこととなった。

カヌエ王女――ファラ王に娘がいることは知られていた。しかし宮廷内では誰もその姿を見た者はいなかった。なぜなら彼女は幼少時から病弱で、宮廷から離れて暮らしており、そのまま学校に入学して19歳まで学生という身の上だったからである。

カヌエ王女は、わずか数日前に学校を卒業したばかりだった。それなのに、父上の突然の引退劇で、アルデバランの女王の座に就かざるを得なくなった。

アルデバラン女王の誕生、つまり銀河連合のファラ王の帝冠式という神界の行事名目とあっては、連合に対して不穏な動きを見せていた属長達もいやおうなしに集まらざるを得ない。というわけで185カ国のリーダー達が再びアルデバラン宮殿に集まった。

そして彼等はそこで初めてアルデバラン女王と対面することになったのだった。アルデバラン女王ことカヌエ王女、その正体とは果たして「女神ニーデ」であった。この世のものとは思えない「その神々しいまでに美しい」絶世の美女の姿を見て、彼らは一様に心を打たれて頭《こうべ》を垂れた。

帝冠式が終了すると、壇上から新銀河ファラ王となったカヌエ王女のお言葉があり、その肉声が宮殿内に鳴り響いた。

「男たる者が国籍不明の侵入者に恐れおののいて子羊のごとく震えているのは見苦しい。銀河連合とは創造主セザナ神が定めた連合組織。この連合組織とはプレアデスの私物ではなく、同盟国全員のものだ。皆で協力し合って連合を発展させていかねばならない。この宇宙は、一国では生きていくことができない厳しい環境下にある。連合があったからこそ今日まで生存できたことを忘れてはならない」

そう述べるとカヌエは宮殿の中央に歩み出て「いまここにセザナ神がお見えになる」と言って中央の一点を指差した。

するとホールの中央に小さな炎が出現し、それは瞬く間に10メートル四方の巨大な火柱となり、ゴーゴーと音を立てながら天井を焦がさんばかりの勢いで燃え上がった。

「今後、連合の結束を乱す者や、愚かな野心を抱く輩は、この地獄の劫火《ごうか》に焼かれようぞ」

そう女王が言い放った。

「おー、セザナ様だ!!」

そう叫んで、男達は創造主の姿に慄《おのの》き恐れて床にひれ伏した。

やがて劫火は消え去ったが「あれが創造主の真のお姿か、伝説には聞いていたが、なんと恐ろしい、敵よりも怖い」という囁きがそこここから漏れはじめていた。

「それにしても、カヌエ王女とはいったい何者だ」

「人間離れをしたあの異様な美しさはいったいなんだ」

「なぜ彼女は創造主と直接コンタクトを取れるのか」

「彼女の言葉は本人の意思によるものか、それともセザナ神の言葉なのか」

「もしかしたら王女自身が創造主様なのか」

属長達が囁き合っていた。

目の前で見せつけられた地獄の炎。昔からセザナ神といえば「火球玉」であり、その劫火によって円盤が撃ち落とされ、いくつもの民族が抹殺されて、数多《あまた》の国々が滅ぼされてきた。そのセザナ神が認可した「銀河ファラ王制度」を人意で覆すことなど不可能であり、この場で焼き殺されなかっただけでもありがたいと、属長達は改めて銀河ファラ王の偉大な権威を認識するのだった。

正体不明の戦闘機騒動は銀河連合を根底から揺り動かした。だが、その不穏な空気を一発で打ちはらい銀河連合をより強固に結束させた女神カヌエ、これぞ女性でなければできない芸当であった。

新ファラ王体制となった銀河連合において旧態プレアデス連合国は瞬く間に力を失い、新しい銀河連合（185カ国同盟）が再スタートを切って、その結果として銀河人類がその「黄金時代」を迎えることとなった。

さて、この正体不明の戦闘機騒動とはいったいどこの国が仕掛けたのだろうか。その答えはこの本の最後の章で明らかになるのだが、いまは答えを述べないでおこう。

銀河連合の属長達は女王カヌエの下に結束し、互いに出兵し合って新しい銀河連合軍を立ち上げた。また銀河政府の要人達も大きく入れ替わり、さまざまな国から選出されたメンバーとなり、飛び交う言語もまた一段とカラフルになった。

今回のクーデター未遂事件によって銀河連合は大きく体制を改め、新しく再生された。

とかく貴族政治というものは権威を武器に安定政権をつくりたがるが、しかし安定政権には腐敗と堕落は付きものであり、どの国にも必ず繁栄期と衰退期は訪れる。それが自然界の運動原理に基づく生命周期なのだが、政権を長く維持するためには、一度原点に立ちかえって新しく出直す必要がある。そうしなければ国は１００年とて続かない。

銀河連合の旧体制を一掃してしまった女王カヌエは、相も変わらず、翌年に結婚して子供を産み、乳飲み子を抱えながらおっぱいを拭き拭きファラ王の職を務めていた。やがてカヌエの父親がＡＬＳを発症し、母親は精神を病み病院暮らしとなるが、その恒例のパターンは、時代を異にしても、惑星を異にしても、いつも同じだった。そしてカヌエ（ニーデ）がアルデバランにいる限り、プレアデスの栄光は絶対に消滅することはないのだった。

女神カヌエの出現によって、プレアデス連合国も同盟国も銀河連合も、雨が降って地が固まり、末端の末端まで女王支配が行き届いた。いまにも分解しそうな銀河連合だったが、女王が放つ不思議な力で完全に一つの連合組織となったのである。

もし、あのときクーデターが実際に勃発すれば、銀河連合は二分されてプレアデスの歴史は終わりを遂げたかもしれない。

岐路に立たされた大国の運命を背負ったのが、神界が地上に送り込んだ「切り札の女神」だった。そのカヌエ王女は、宮廷の庭を駆けまわって悪戯《いたずら》を働く子供達に対して、ヒステリックに目くじらを立てる毎日を送っていた。彼女にとっては子供達の学校生活が始まるまでの子育ての5年間は戦争と同じであった。

弥勒如来ミトラ神の誕生

これはいまからちょうど25万年前の話である。地球で言うところのヨーロッパ大陸のスペインに相当する地区に、今世の宇宙では最初の如来界第12位（弥勒如来位）に即身同会をした人物となる優秀な生命が誕生してきた。

彼の名前は「ミトラ」。生身の体を有したまま満64歳のときに第四解脱を果たして、小宇宙如来界の最高位に同会した人物である。ミトラは、地球では地域別にさまざまな呼び名で呼ばれており、古くはミトラ（ミスラ、またはミトラス）神、ゼウス神、アッラー神、ヤハウェ、弥勒様、マイトレーヤなどと呼ばれている。結局どれも同じ人物を指している。

また日本国では伊勢神宮（外宮）の多賀宮にミトラ神の返り御霊が安置されている。
ちなみに筆者はミトラ神とは何度も会っているが、彼は創造主セザナ神の一番弟子ではあるものの、その性格は正反対で、女性かと思うほど優しい人物だが頭の切れ味が鋭く、あのセザナ神が「優秀だ」と認めた唯一の人間である。

またこの時期には、ミトラ神とは同期生（同じ年齢で同じ出身地）で、如来界の第11位（普賢王如来位）に同会した「ミエル神」も誕生している。彼は梵語ではサマンタバドラと呼ばれている。ミエル神（普賢王如来）は、伊勢神宮（内宮）の特別宮である月讀宮（皇大神宮）に、その返り御霊が安置されている。

ミトラ神は生前、ヒオル如来（天照如来）の寺院に勤める司祭（牧師）をしており、またミエル神は銀河連合軍に勤務していた軍人だった。選んだ道はまったく異なるが、2人は同郷の幼馴染であり、ミエルの現役引退を契機に両人は同じ修行僧の道を選択して出家の身の上となった。
いずれも単独位相の持ち主で、早い段階から第三解脱（菩薩界同会）を果たしていたが、如来界の登竜門は厳しく、すべての欲望を断ち切り神界に身を捧げることで最終解脱に成功した。

銀河人類が誕生してから３０００万年近い年月が経過し、長期間にわたって「空座」だった如来界の第11位と第12位、その席がやっと埋まって、このとき神々の世界がついに完成に至った。

神々の世界が落ち着くと同時に、銀河人類の世界も「安定」を取り戻し、銀河連合は神々の仕事を本格的に手伝うようになった。そして自国の社会安定はもちろん、地球のような未開発国に対する言語教育や技術啓蒙に取り組んだ。

人間は、その原始時代には神を信奉しており、神に対する畏敬の念を本能的に有している。しかし、少し知恵がついてくると神の存在を否定して（神をあてにしなくなる）、医学にしても、宇宙船開発にしても、自分達の力で何でもできると自惚れてくるものだ。そんな考えが浮かぶ精神領域のことを、プレアデス仏法（仏法哲理＝プレアデス哲学）では「（最も罪深い）二乗の生命域」と呼ぶ。

しかし、宇宙原理や宇宙真理を学んで本質的な学習を積んでいくと、悟りを開いて自身が神となる（二乗領域から逸脱する）ために、神や創造主の世界を身近な現実として受け止めざるを得なく、逆に宇宙人になれば信仰心が強く芽生えてくるものなのである。

地球人は、原始人でもなく、さりとて文明人でもなく、また宇宙人でもない。中途半端な二乗域の生命であって、一番厄介な問題多き生命段階にある。

この段階においては、骨折や火傷《やけど》や病気が自然に治ると「儲《もう》かった」としか思わなく、「俺には偉大な回復力が元々備わっている」と勘違いをするばかりで、神様に治してもらったとは決して思わない。いわば手厚い親の愛情で育てられてきたのに独力で大きくなったような顔をして親に対する感謝の念も抱かないようなものである。

二乗の生命は、人間は自然に生まれて、自然に大きくなって、自然に言葉を喋りだすものだと勝手な解釈をしている。物事の道理も、自然界の法則も、まるで小学生のごとく何も読み取れない低脳ぶりで、実際に何もできず、それでいて口だけは達者で文句や小理屈や批評ばかり垂れている。人間としては早熟の、きわめて「青い段階」——これがいまの地球人類全体であり、二乗レベルの生命にあたる。

善と悪を司る創造主のセザナ神、基本的にはたった1人しかいないために、たいへん忙しい。そんなセザナ神にとって、神界の完成とは、誰よりもホッと一息をつける喜びごとだったと思われる。

ミトラ神は繊細で賢明な生命だったので、セザナ神の扱い方が特に上手だった。なるべく創造主の手を煩わせないように配慮し、神々で片づけられる範囲内のことは多くの神々を出動させて処理に徹し、また命令されたことはいかなる犠牲を払っても最優先で行った。そんな素早い気の利いた対応を見せることから、セザナ神はミトラ神を高く評価していた。無論、昔からの古い如来神達の出来が悪いというわけではない。シヴァ神は元々気が利かないタイプであるし、ヒオル神はおっとりしすぎて、またアミダ神は静かで大人しすぎて、そして大日神は動きが鈍い。そんな如来神達の個性の中で、素早くて小回りが利くミトラ神とミエル神の加入はセザナ神にとってたいへんありがたい話だった。

またミエル神が座する第11磁界とはセザナ神が最も関与する戦闘系（作用系）の磁界である理由から、軍人上がりのミエル神の加入は場所柄的にもうってつけだった。

＊

ちなみに、渦磁場（天体磁場）の第11磁界（戌の磁界：サジタリウス場）は、惑星天界では「梵天位」、太陽天使界では「ザハリエル位（裁断天使）」、銀河明王位界では「不動明王位」、銀河団菩薩界では「普賢菩薩位（閻魔《えんま》大魔王位＝四天王位）」、小宇宙如来界では「普賢王如来位」と呼ばれる。

いずれも比較的厳《いかめ》しい神々であって、人間や神に対し、法の裁きにしたがって刑罰を執行する軍事系の神々のことである。当然、人間や神に対して天罰を下す磁界である理由から、創造主の干渉が最も多い磁界である。

これらの神々は神社や寺院などの警護にも深く関わっており、稲荷系の警護魔界神と一緒に、独立した位置から見守るように配備されている。ちなみに伊勢神宮では内宮を監視する月讀宮（普賢王如来）や、外宮を警護する豊川稲荷神社や、他にもいくつか普賢菩薩系の神社が警護にあたっている。

*

神々の総帥とも言える立場のミトラ神とミエル神がその玉座に着任したことから、強固な神々体制が確立されて安定時代が訪れた。

これにより民衆の心は創造主から徐々に離れていき、民衆の願い事のすべては神々に集中していった。そのために、人類はまるで創造主があらかじめ存在していないかのような錯覚におちいっていくことになる。

プレアデスが地球人に伝えた「仏教」には、創造主という存在が消されているが、当時の銀河連合の思想がそのようだったからである。

銀河連合には、その後8万年間にわたる最大の興隆期（25万年前～17万年前）が訪れて、銀河の人々は神々に感謝を捧げて平和と繁栄を享受した。と同時に、人々の脳裡からは、いつの間にか創造主の存在が完全に消えていた。

セザナ神にとって、民衆の心の中から創造主の存在が消えたことは逆に喜ばしいことであり、天の川銀河系の繁栄は自己の勲章であって、優れた人材を育て上げて大輪の花を咲かせたことを密かに満足していた。


しかし、そのセザナ神の笑顔が一瞬にして曇り真っ青になる緊急事態が発生する。これはいまから17万年前の話、人間王国（高天原）の創造主世界の定期査察があって、メシアA球（大宇宙球）の担当創造主の失敗が明らかにされたのである。

このとき、セザナ神が上司のケエオア達から指摘された失敗は二点、主人公民族である57音言語を喋る民族がまったく育っていないこと、そして平和な安定社会は結構なことだが創造主レベルを超えてくるような秀でた宇宙戦士が1人も育っていないことだった。

つまり大宇宙とは人間王国の軍事学校であって「民衆が仲良く平和に暮らす場所ではな

い」と指摘されたわけであり、また人間成長の最高点が如来界であるという間違った教えは、成長を抑圧しているのと同じという指摘を受けたことにもなる。

ここに、セザナ神にとって、根本的に銀河連合の存在意味を検討しなおす必要が出てきたのであった。

人々は平和を求めて居心地の良い安住の地を常に求めるものだが、しかしそれは同時に陰化して腐っていくことを意味している。

銀河連合は、神界とともに長い期間にわたって莫大なパースピレーションを払い、平和の維持に努めてきた。少し油断をすれば平和など一瞬で崩れ去ってしまうもの。だからこそ、あの手この手で安定基盤を維持してきたのである。

神々が築いた現行の体制をいまさら崩すわけにもいかず、セザナ神は徐々に窮地に追い込まれていった。

結局、それから1万年後（18万年前）に、セザナ神がついに決断して、4人の女神達を、アルデバランから57音言語を移植したコップ座のケウエウ星へと移すことになった。

その長い繁栄に関わってきた4人の女神達を失ったプレアデス銀河連合が、その後徐々に衰退していくことは述べるまでもない。女神を介して注がれる大宇宙の活性パワーが、アルデバランからコップ座に移動したからである。

子馬座の移住騒動

この話は、いまから25万年前に子馬座のα星キタルファの第3惑星（カウウ）で起こった実際の話である。

キタルファ星は銀河連合の属州の一つで、クーデター未遂事件の後「女帝カヌエの時代」から属国を返上して銀河連合の一員となった国である。当時、その惑星人口は55億人という大国であり、地球とは190光年ほどと比較的近い距離にある星である。

恒星キタルファは地球太陽の4倍程の質量を有する巨星であり、その第6惑星には核反応の火が点灯した連星系を呈し、また第3惑星のカウウが陽化星（老星）で星の寿命を迎えていた。科学者や神々の調査では、惑星カウウの物理環境が住めない状態におちいるのは300年後という見積もりだったが、二つの太陽に挟まれたカウウの表面温度は異常に高く、住民達は温暖化現象による気象変動（洪水）や群発地震に苛《さいな》まれていた。同じく第3惑星の地球と違う点といえばキタルファ星人は核物質を扱っておらず、海が汚染されていないことだった。

当然、星の司令部は神界に移住の申請を出しており、移住先の星の検討をしてもらっている最中だった。キタルファ星司令部は、最初に神々から提示された移住先の星があまりにも遠かったことから二度目の再申請を提出していた。

天の川銀河系内には植物と昆虫だけの水の惑星がたくさん存在する。だが、それは自然霊界だけの惑星であり、空気や水は存在するものの、動物がいないので食料が確保できないし、また霊界の位相群そのものがないために、それらの惑星に移住することは原則的にできない。霊界がなければ人間の食料を担う魚や小動物などの脊椎《せきつい》動物が誕生してこないことは承知の通りである。

人間がいない動物惑星（猿の惑星）は、天の川銀河系では400個以上存在するが、銀河系中心部の1000光年以内に存在する動物惑星の数は限られており、その多くは銀河連合の食料基地となっているために、一つの国が移住してその星を独占してしまうことは決して許されない話だった。

地球のすぐ近郊（10光年近辺）には猿の惑星が3個存在し、うち一つは地球から4・2光年離れたケンタウルス座α星の三重連星αケンタウリB星であり、この星の第4惑星が猿の惑星である。もう一つは地球から6・8光年離れた大犬座のα星シリウスA、この星の第3惑星が恐竜が住む惑星である。最後の一つは地球から10・5光年離れたエリダヌス座ε星であり、この星の第3惑星が猿の惑星だった。

いずれにも銀河連合の食料基地が存在し、特にシリウスの第3惑星は聖地地球を開拓する宇宙人達の食料基地となっていた。

キタルファ星人に神々から最初に提示された移住先の星は、子犬座のα星から1600光年も離れた遠い星だった。航路センサーも設置されていない未開の領域に存在する「猿の惑星」に人類を移住させるのは、宇宙船建造や航路開拓や運送時間を考慮すれば、かなり厳しい情勢だった。

キタルファの移住問題は連合議会でも討議されてきたが、人道上の観点から、銀河連合においても航路開拓に応援部隊を派遣することや、運搬用の宇宙船を用意することなど、脱出に向けた準備を引き受けることとなった。

結局、キタルファ星司令部による移住先の変更は受け入れてもらえず、最初の申請通りになったのだが、惑星カウウに微生物学上の異常事態が発生し、多くの人々が次々と病魔に倒れはじめたために、移住先の変更を緊急に再検討しなければならなくなった。

当時のプレアデス医学は、人間王国代々の伝統的な治療法を用いており、ヒールという遺伝子の存在は当然わかっていたが、力学的なヒールと磁気的なバイオンの関係性を熟知していたわけではなかった。

つまり惑星ヒールという生物体の「命の源」に関しては、その存在自体はわかっていたものの、惑星の渦磁場（サイ粒子磁気）やコア磁場（地磁気）といった磁気と、ヒール（力気）の関係性についてしっかり掌握できてはいなかったのである。

事の発端は、惑星全体にインフルエンザ・ウイルスが蔓延しはじめて、ウイルス感染や細菌感染が頻繁に発生するようになってきたことだった。原因の詳細はわからなくても、陽化が極まった水の惑星ではそれが起こるのは当然の話なので、キタルファ星人も最初は「そういうものだ」と諦めていた。

しかし、そのうちに海洋から襲ってくる新種の微生物（ゴカイ・ウイロイド）によって人々が呼吸困難を呈しバタバタと倒れはじめた。

最初の年からたった3年間で総人口の4分の1（15億人）を失い、しかも時を経て、その事態にはさらに拍車がかかった。
このままでは惑星の全人口を失ってしまう恐れが出てきたことから、とりあえず近場の惑星へ一時避難させることになった。

のちに判明した原因を先に明かすが、惑星カウウは地軸の傾斜が8度前後という四季のない惑星であり（冷えがない）、位置的に前方には巨大な太陽（地球太陽の4倍）が、そして後方にも太陽があるという日射量の非常に多い灼熱の惑星だった。カウウの人類は何百年も前から屋内暮らしを余儀なくされており、大陸沿岸部の浅瀬では海水温が40度近くにもなっていた。無論、砂漠地帯では気温が70度にも達することから、完全防備をしないと外には出られなかった。早い話が、海がお湯になって海底の微生物が茹《ゆ》で上がり、ウイルスやウイロイドが空調設備を介して屋内に流れ込んできて、それが原因で人々がバタバタと倒れはじめたのである。

そもそも惑星ヒールにはヒールの限界量なるものが存在し、地上の個々の細胞体の一つ一つには細胞ヒールが漏れなく分配されている。特に人工霊界をつくった惑星には、植物や昆虫や微生物の他にも脊椎動物が存在しており、ヒールの生産量が常に不足している状況にある。

惑星ヒールは個々の生物にヒールを分配するばかりか、水に作用を及ぼし、天体磁気を操作して気象に関わり、また地磁気を操作して生物体を庇護する役割をもっている。つまり「惑星のヒール場」と「天体磁場」や「コア磁場」がある程度しっかりしていたら、気象変動も起きないし、細菌活性もウイルス活性もウイロイド活性も起きないのだが、それらが起きるということは、惑星そのものの運動寿命が尽きかかっていると解釈しなければならない。

現在の地球がまさにその状態にあるのだが、55億人でも多すぎて惑星に過剰な負担をかけているのに、77億人という馬鹿げた人口はどうかしており、これは全滅前の「共食い」状態と表現できるかもしれない。

地球人とキタルファ星人の違いは「銀河広域指定民族」であるか否かの違い、彼等は宇宙船を開発しており、自力で惑星外へ脱出する能力をもっているという違いである。

さて、原因はわからないが、毎日毎日人々が死んでいく状況を考慮して、銀河連合は、ファラ王の許可のもと、アルデバランの固有の属州国にキタルファ星人を一時避難させる許可を与えた。

そのアルデバランの属州国とは、いまから40万年前の皇帝ユイギの時代に反乱を起こして女帝ナクムに滅ぼされた烏座δ星のアルゴラブ星のことだった。

現在のアルゴラブには数万人のアルデバラン人が入植して金属の採掘を続けていたが、大陸の数カ所に工場を建てているだけでガラ空きの惑星だった。

しかしながら、実を言えばアルデバランの惑星テニネも老化惑星であることから、将来を考えれば、アルデバラン人にとってもアルゴラブは移住予定地であり、キタルファ星人に星を譲ってやることはできなかった。

しかし事態は急変をみせた。惑星カウウからの脱出準備が開始されて数カ月後、本格的な輸送作業に取りかかる直前に大規模な地殻変動が発生し、沿岸部の街が大津波にのまれて、惑星カウウはその半分以上の人口を失い、数百台もの宇宙船が津波にのまれて流されたのである。

アルデバランからの救出船も加わって１５０万人は救出したものの、追い打ちをかけるかのように惑星の力学圏が崩壊を始めて、大半の人々が意識を失い倒れてしまった。

惑星の力学圏が崩壊すれば、その数時間後には重力崩壊が発生し、大気圏が急激膨張を起こして生物は皆窒息死に至るばかりか、地殻の一斉崩落が始まって、地表はマントルの海へと変じてしまう。

結局、惑星カウウから脱出できた者は、軍隊とその家族220万人だけだった。つまり55億人もの人類があっと言う間に消えてしまったということになる。

そもそも科学者の計算の見積もりが甘かった。300年どころか、たった2年間で、惑星は住めない環境へと変じてしまったのである。

その後、アルゴラブに移住した220万人のキタルファ星人は、銀河連合の助力で、やっとのことで目的の移住地へ到着できたが、地球人でもあるまいし、文明人たる者は母星の終わりを意識してもっと早く手を打たねばならないとは今日の教訓である。

第六章　地方都市の発展と堕落

・大宇宙に生まれた人間の役割
・女神ニーデの役割
・セザナ神が直接管理する三つの創造主直轄領

双子座の景勝地

黄道十二星座の一つである双子座に属する恒星ヨイス、地球では双子座δ星のワサトと呼ばれている星がある。この星はその第7惑星に核反応の火が点灯した、いわゆる二つの太陽が存在するという連星系を呈する恒星系である。またこの星の第3惑星が水の惑星ヒエキであり、ヒエキには古くから霊界が設けられ、生物が誕生していた。

地球から双子座を見上げると、恒星ヨイス（δ星）は黄道と接する天体であり、黄道（見かけ上の太陽の通り道）の位置を確認する場合は、獅子座のα星（レグルス）と双子座の恒星ヨイスを結ぶ直線で判断ができる。

ヨイス星人はいまから45万年前に銀河連合の技術提供を受けて文明を開花させ、40万年前には「銀河広域指定民族」の認可を獲得し、銀河連合の一員となった。

双子座のヨイス（ヒエキ）は、カニ座のズジゼブハ（ケオン）や、牡牛座のアルデバラン（テニネ）や、オリオン座のベテルギウス（ブリキオ）などと距離的に近い理由から、宇宙船航路の中継基地として古くから栄えていたが、その後も発展を続けて、地球で言うところのいわゆる国際都市（交通の要所）になっていた。

惑星ヒエキは、地球直径の約1・3倍の惑星であり、惑星テニネと似たような四季のある星だが、惑星年齢が比較的若く、そのぶん生物相が豊かだった。

また昔から交通の要所であったことから「観光地（保養地）」として有名であり、夏場は登山客やマリンスポーツで賑わい、また冬場はウインタースポーツの名所として有名だった。

1万メートルを超す険しい山々や、多様な深海生物が生息する複雑な地形の海溝や、野獣が闊歩する未開のサバンナや、人跡未踏の熱帯ジャングルや、あるいはマイナス70度にも達する北極圏の探訪や、そこら中に噴き出る野趣満点の温泉施設が観光客の目当だった。

惑星ヒエキの人口はわずか10億人程度であったので、多くの大陸が未開発の状態で、原始野生がそのままそっくり残されている土地柄だった。そのために昔からアルデバラン人の観光スポットとして親しまれ、豪華で贅沢なつくりのホテルが多数建設された。さらには銀河ファラ王の別荘地もあるという惑星ヒエキは、銀河系人にとって憧れの景勝地ナンバー1に輝く惑星だった。

恒星ヨイスには新銀河連合軍の艦隊基地が存在し、地球で言うヨーロッパ大陸や中東地区に人口が密集し、大きな空港がいくつも存在していた。また連合の艦隊基地は、地球で言うイラン高原にあり、かなり大規模な主要基地が築かれていた。

このような大規模な体制を敷いていたのは、その昔、オリオン街道の奥から出現してきた国籍不明の宇宙船団を近隣の星でたびたび見かけるようになっていたからで、この頃では、特にエリダヌス座のβ星クルサの近郊において、何度も宇宙船団が目撃されるようになっていた。

クルサはエリダヌス・プレアデスの固有の領地であり、銀河連合が立ち寄ることができない創造主の直轄領だった。あの高性能円盤をもつ宇宙船団にウロチョロされては連合軍も浮き足立ち、いつ戦闘に発展するかもわからない。そのためオリオン座のα星ベテルギウスを筆頭に、カニ座のσ4星ズジゼブハ、双子座のδ星ヨイス、一角獣座のβ星（C）ツギコなどに連合基地の支所本部を置いて厳重に警戒していた。連合は、この領域だけを対象に、総勢で10万機にも及ぶ大艦隊を配備していた。

時折、正体不明の不審船が通る「きな臭い」オリオン街道は、連合軍側が追跡しなければ攻撃を仕掛けてこないという事実がだんだんとわかってきたものの、それでも警戒しないわけにはいかなかった。

連合側はこの状況について神々に相談していた。しかし返ってくるのは「無視しなさい」という一律な回答ばかり。ますます不信感は募るものの、向こうから連合軍側に攻撃を仕掛けてこない限りは見守る姿勢になっていた。

一抹の不安がぬぐえない一方、この時期の銀河連合は飛ぶ鳥を落とす勢いで、銀河の中心部のあちこちに大きな国際都市がいくつも誕生していた。

観光地の双子座δ星ヨイス（第3惑星ヒエキ）をはじめ、竜座のα星トゥバン（第3惑星ナカチエ）や、カメレオン座のα星ビエオカイン（第3惑星カガ）、白鳥座のβ星アルビレオA（第4惑星アヨグ）、狼座κ《カッパ》星ケキイデー（第3惑星オミン）、射手座τ《タウ》星クシケル（第3惑星ラエキ）などが発展を遂げ、街には鬱蒼《うっそう》とした高層ビルが立ち並んだ。

その昔はプレアデス連合国が絢爛《けんらん》豪華な暮らしをしていたが、いまやプレアデス側がだんだんと質素になり、そのぶん派手な暮らしは地方都市へと分散していった。

社会秩序が保たれた戦争のない平和な世界、食べることに翻弄されない安定した経済基盤が築かれると、人々はより「品質の高いもの」や「刺激のあるもの」を求めていくものだ。学問にしても、芸術にしても、料理にしても、スポーツにしても、ファッションにしても、装飾品にしても、建築物にしても、超一流を好むようになる。これはどこの星の絨毯《じゅうたん》だとか、この星の酒はうまいとか、あの星の大理石は一級品だとか、どこぞの星の女は最高だとか、経済の流通や文化の流通が、限りない物欲を刺激していく。

しかし、栄耀栄華を誇れるのは上層階級の一部の者だけ、銀河空間を超光速宇宙船で飛び交う時代になっても、肉体をもつ限り、人間の果てしない欲望が湧くのはどの民族も同じであり、やがて腐敗と堕落がはびこって、人間は皆、心を腐らせていく。

無論、信仰の道を選んだ修行僧や、未知なる空間に挑む科学調査船のクルーがそうであるとは思えないが、「登れば下る」自然界の原理を回避することはできないものだ。

銀河連合が科学調査船（ニカウ船団：4隻）を向かわせたのはヘラクレス座の球状星団（M13：NGC6205）が最初であるが、その5年後にも、もう一つの科学調査船（キイユ船団：4隻）をケンタウルス座のω《オメガ》星団（NGC5139）にも送り込んでいる。前者は約2万5000光年の距離にあって、後者の距離は約1万7000光年だったが、12年間に及ぶ探査を終えて無事帰還できたのは後者のキイユ船団だった。

神々の報告では、前者のニカウ船団は運が悪いことに、航海中に超新星爆発による10億度の熱放射を前方から喰らって一瞬で溶解したとのことだった。

銀河連合のテリトリーは、天の川銀河系の中心部（アルデバランから1000光年範囲）に集中しており、その範囲から外の領域はまったく未開拓な状況だった。国籍不明の宇宙船が出没するようになってからは、銀河連合の関心はいやが上にも銀河の郊外へと向けられ、遠距離船団の中継地（水と空気を補給するための水の惑星）の探索や、航路センサーを設置して新しい宇宙船航路を切り開く準備が急ピッチに進められた。

そもそも神々の報告から、銀河系の郊外には高度な文明を有した惑星人類はいない（原始人惑星はある）というのがそれまでの定説であったが、実際には神々も知らなかった未知なる人類が現存しており、しかも銀河連合は彼等と戦闘まで経験していた。もし連合がオリオン街道の奥まで航路を広げれば、彼等との戦闘を再燃させることに間違いはないと思われた。

連合艦隊は新しくベテルギウス技術を取り入れて、宇宙船（推進力）の改良を重ねていたが、いまだに彼等の宇宙船の速度には遠く及ばない状況だった。

いまや、人智が及ばないような非常に高度な科学力を身につけた「未知なる人類」の存在は、銀河連合の繁栄を根底から揺さぶって将来に暗雲をもたらす要因となっていた。しかし、如来界の神々にとっても、創造主セザナ神が直接管理している「創造主領」に関しては、のぞき込むことも不可能な、いかにも「怪しい領域」のままであった。

セザナ神が直接管理する「創造主の直轄領」といえば、我々の銀河系の中では「聖地(地球)領」と「カシオペア・プレアデス(μ星)領」と「エリダヌス・プレアデス(β星)領」と「わし座・プレアデス(γ星)領」と「アリニラム連合(3個の星)領」と「髪の毛座(β星)領」と「カシオペア座(ζ星)領」という7カ所の星々である。

聖地以外の最初のプレアデス領に関しては、文明人のアルデバラン人を移住させているが、残りの三つの星に関しては現地惑星の人類を採用し創造主の仕事を代行させていた。これらの「創造主領」の中でいったいどんなことが行われてきたのか、それは神々も知らない最重要秘密だった。

極繁を迎えた銀河連合国、その繁栄ぶりは地方の星々にまで及び最大値に達していたが、忍び寄る斜陽の陰《かげ》りもまた徐々に膨らみつつあって、銀河の晴れ舞台は、昼間の時間帯から徐々に夕暮れの時間帯へと向かいつつあった。

創造主直轄領の役割

時は戻り、いまから45万年前、銀河連合が急速に拡大しつつある頃の話である。

セザナ神は、「創造主特区」を設けるため、神々に対してプレアデス連合から人材を他星へ派遣することを求めた。

そこで「創造主の下で働きたい」と願う優秀な人材（約60万人）を募集して三つ星へ分散させて移住させることになった。

最初に移住が完了したのが「カシオペア座」のμ星（地球名称：マルファク）の第3惑星マイグへ移住した20万人の人々だった。次に完了したのが「エリダヌス座」のβ星（地球名称：クルサ）の第3惑星ギアクへ移住した20万人、そして最後に完了したのが「わし座」のγ星（地球名称：タラゼト）の第4惑星ケイヨへ移住した20万人の人々だった。

これらの移住者は、いずれもプレアデス連合国との関わりは途絶えて、二度と母星へ帰還することはなかった。移住者の全員が創造主ヒューマノイドに改良されて、セザナ神の分身として創造主業務に携わっていたからである。

これらの星々には早い段階から「霊魂体宇宙人」なる者が存在し、またアストラル円盤と物質円盤の両方を駆使した業務が行われていた。


一般に「カシオペア・プレアデス」と呼ばれる恒星マルファクの人々は、創造主に代わって銀河星人の位相意識や遺伝子情報を管理する役割を果たしており、同時に死んだ人間の魂体管理も行っていた。

彼等は人間の啓蒙教育に携わり、遺伝子船に乗り込んで神々の意識を人間の位相意識の中に移植する「インプラント神作業」を請け負ってきた。

また一方では「妖精（フェワ：フェアリー）」と呼ばれる特殊な有機人形を創作して、それらを遠隔操作して地上の人間達を誘導してきた。

妖精（フェワ）はマルファクの工場で生産される「操り人形（ロボット生命）」の一種であり、硬質タンパク質から構成される柔軟な骨格組織を有した羽を備えた「空を飛ぶ人形」である。体長は15～20センチ程度の小さな人形だが、当然、人形だから脳味噌もなければ内臓もなく、また血も流れていないし呼吸もしていない。それは自己の意思で運動を起こせる自律生命体ではないのである。妖精の近くには彼等の宇宙船が待機しており、その円盤と妖精がタボ線でつながっているという構図である。時折、タボ線が外れると、妖精は突然空から落下して、その体はたちまち硬化してミイラ化してしまう。

また一般に「エリダヌス・プレアデス」と呼ばれる恒星クルサの人々は、人間や生物の体を乗っ取りその行動を操作するという「神々工作員（神々ヒューマノイド）」をつくり出すのが職務である。これは人間の個人位相に神々の意識を注入し、本人の意識を圧縮して支配権を握り、完全に地上の肉体をコントロールすることをその役割としている。

たとえば、アラスカのマッキンリー山（デナリ）の頂上に神々の「返り御霊（水晶）」を運んで埋める作業は命懸けであり、それをやってのける人間などはいない。だから、神々ヒューマノイドに仕事をやらせるのである。そのヒューマノイドは重さ20キロの水晶を背負って登頂し、それを山頂に埋めたら役割が終わるのであり、本人は山頂で息絶えるという筋書きである（片道行程）。そんなヒューマノイドの活躍で、山の頂上に神々が降臨できるようになった。

またクルサでは身長が40センチ程度の「小人（ナンフ）」を工場生産しており、ヒューマノイドに代わって物を運ばせる秘密作業を行わせていた。「小人（ナンフ）」は人形ではなく、主に小型の猿を改良したもので、ちゃんとした生物である。後世ではこの技術がグレイ猿の加工に利用されるが、生物コントロールというものは銀河系内で昔から行われてきたことである。

また同じく一般に「わし座・プレアデス」と呼ばれる恒星タラゼトの人々は、前者二つとは異なり、創造主のもう一つの顔である「悪魔」の業務を担当するダーク・サイドの人々である。

無論、これも創造主業の一つであり、本来は職業に良し悪しの区別はつけられないものだが、これは地上の健全な人々を地下魔界へと突き落とすという業務であり、こうした選別作業は人道的では決してないという理由から、人間界にはまったく知らされていない秘密の業務だった。

銀河魔界の総本山と呼ばれるのが恒星タラゼトであり、ここから各人間惑星の魔界神組織に対して具体的な創造主（魔王）命令が下されていた。

魔界に関する具体的な情報はこの本の下巻で説明されるが、タラゼトでは「魔物（グクワ）」が工場生産されており、無知な原始人を誘惑して欲望の世界へ引きずり落とすということが行われていた。

「魔物（グクワ）」と「妖精（フェワ）」はつくり方が一緒であり（いずれも硬質タンパク

骨格)、基本的に操り人形であるが、顔の形相をそれらしく整えており、グクワはいかにも悪魔風の風貌を呈している。当然、グクワが出現する領域にはタラゼトの円盤が近くにいて、人形の遠隔誘導をしている。

「フェワ」にしても、「グクワ」にしても、あるいは「ナンフ」にしても、地上の人間に生け捕りにされたり、ミイラ化したものが発見された事例はたくさんある。

さて、髪の毛座のβ星(ナエオ)の第3惑星(フイリエ)と、カシオペア座のζ星(地球名称:フル)の第3惑星(シェナ)ではいったい何が行われてきたのかといえば、現地の原始人をセザナ・ヒューマノイドに仕立て上げる、魔界作業に関係する秘密業務であった。両星とも、仕事の内容は毒物研究と病原体研究がメインであり、ウイルスや細菌を加工して人類殺傷用の生物兵器をつくり出していた。セザナ神がつくり出した有名な毒菌といえば「ペスト菌(黒死病=人口削減目的)」と「破傷風菌(天罰目的)」だが、両方ともこれらの惑星で開発されている。また生物毒の抽出もこれらの惑星で行われており、各惑星の魔界神へ毒素が分配されてきた。

セザナ神の基本姿勢は優秀な人間生命だけを選抜して、六道界の有象無象は間引くという考え方であり、魔界そのものの存在意味とは、欲望の餌《えさ》に食いついてきた愚かな人間達を魔界（地獄）へ引きずり落として、揺るがない精神の持ち主だけを残すことである。パチンコで負けたお金を取り戻そうとして競馬にはまるとか、詐欺られたお金を取り戻そうして次の詐欺に引っかかるとか、そうした欲望の虜《とりこ》となった人間達を欲望の餌で釣って始末するのが魔界の役割なのである。

「アリニラム連合」の存在役割とは、銀河連合に対する「相対勢力」であって、当初は敵勢力として認知させることによって連合側の腐敗や堕落を防ぐ名目でつくられたが、連合側が創造主の意図を見抜いて緊張を解きはじめたことから、最終的には予想もつかない事態へと進展してしまった。創造主にとっては、筋書き通りには進まなかった失敗例となってしまったが、そもそも我々の世界とは軍事学校に他ならなく、敵がいなくなれば（平和になれば）、誰も戦争などしたくないのが人間の本音、緊張感や危機感がゼロ状態の人類は仲良しこよしのひ弱な堕落組へと変貌してしまうのである。

銀河連合は、自分達よりも優れた宇宙船を認識したにもかかわらず、それを上回る性能の宇宙船を開発しようという努力を払わなかった。それよりも経済的な安定のほうを優先させたのである。その愚かな行動がセザナ神を完全に怒らせてしまった。そもそも創造主は仲良く暮らしてもらうために人間を創造したわけではないのである。

セザナ神の最終決断は、アルデバランから4人の女神達を「コップ座のケウエウ星」に移すことだった。この決断とは、銀河連合の組織という形態を破壊し、連合諸国を個々の惑星単位へ戻すことでもあったのだった。


一方、聖地地球も創造主の直轄領である。

しかし、聖地人類の啓蒙教化作業は将来「創造主の後継者」を育てるという大義名分があった。そのため地球人類の育成は、秘密裏ではなく、公《おおやけ》にされた神々の業務だった。銀河連合の多くの国々が龍神島の守護整備作業に関わり、また言語居留区を築いて地球人の文明化作業にも取り組んだ。


聖地開拓と同時に、セザナ神が直轄領を新たに設けたのがボラン銀河団だった。ボラン銀河団の300個近い銀河系に、セザナ・ヒューマノイドを大量に導入し、アリニラムのように急ピッチに即席人類をつくりはじめたのである。

如来神の言葉を借りれば、それはまるでガーデニングでもしているような創造主の姿だったそうだ。いったい何のためにボランの人類を急速に育てる必要があったのか、その理由はいまでも本人でなければわからない。

ボランの人類は高度な科学を発達させており、高性能宇宙船を所有しているばかりか、アストラル円盤に乗った霊魂体宇宙人まで存在している。いずれは未来の地球人と一戦を交えることになるだろうと予測される。

拐《さら》われた赤ちゃん

この話はいまから約23万年前の話である。

双子座の景勝地である恒星ヨイス、その第3惑星ヒエキのアルプス地帯にあるホテル街で小さな事件が発生した。

アルデバランから訪れた観光客の夫妻が、ホテル側にある要件を申し込んできた。それは「4日間の登山をするのだが、その期間中、生後3カ月の赤ちゃんの世話を焼いてくれる代理母が街のどこかにいないか探してほしい」という前代未聞の内容だった。

母親が乳飲み子を置いて登山すること自体もどうかしているが、母乳を出せる女性、つまり、出産前か、もしくは出産直後の妊婦を探してほしいという困難な要件を突きつけられたホテル側は困り果てた。しかし、身分の低い貧民街で代理母が見つかりそうだという情報が入り、ようやく引き受けてくれる1人の女性を探し出した。彼女の身分は「クイニエオA（7族）」であり、半年前に出産したばかりだった。

恒星ヨイスの人類にも当然のように存在する身分階級差（ヌネアヒ制度）だが、この制度がない文明国は銀河系、いや、大宇宙のどこにも存在しない。

この件も、赤子の両親の身分がアルデバランの「キイヌゲキA（1族＝皇族）」だったことから、ホテル側もその無茶ぶりを了承せざるを得なく、代理母をなんとか見つけられて一安心、ホテルのスタッフが総出で夫妻の出発を見送って一件落着となった。

しかしこの先、夫妻が遭難事故に巻き込まれるとはゆめゆめ思っておらず、さらには預けた赤子を巡って大騒動に進展するとは誰にも予想がつかなかった。

ホテル側が夫妻からの連絡を受けたのは、「気象の関係上、下山を2日間ほど延長せざるを得ない」というのが最後だった。安全を優先させてのことだろうとホテル側はそう解釈して気に留めていなかったのだが、しかし、2日経っても3日経っても夫妻からの連絡はなく、これは何かあったと考えざるを得なくなった。

山岳救助隊の出動を要請したのは4日目の朝だったが、その日の捜索で手がかりが得られなかったことから、ホテル側はアルデバラン本星に夫妻の遭難事故の一報を通知した。赤ちゃんのほうは代理母が守っており問題はなかったのだが、アルデバランからの返答が遅く、さらに2日間の時間が経過してしまった。その間、登山した夫婦はその位置を確認するためのGPS装置を破損させてしまったのか、山岳救助隊のほうでもまだ山中の夫妻を見つけられずにいた。

ようやくアルデバランから連絡がきて、夫妻の両親達が急遽恒星ヨイスに飛んでくることになった。両親の話の内容から、夫妻の目的は登山ではなく「ミーゲガ飛行」が目的だった事実が見えてきた。「ミーゲガ飛行」とは、地球で言うところのパラグライダーのようなもので、体に小さな推進器を付けて飛ぶパラシュートのような装置である。

その情報から救助隊の捜索網が一躍広範囲へ拡大され、ついに遭難した夫妻を見つけ出すことに成功した。2人とも憔悴し切っていたが元気だった。こうして遭難事故は無事に解決したが、次の問題が発生した。夫妻が緊急入院した病院先へ届けられるはずの赤ちゃんが、待てど暮らせど届かなかったのである。

ホテルの関係者が代理母のもとに駆けつけ赤子の行方を尋ねると、彼女は「先ほど、ホテルの関係者を名乗る者が現れて、赤ちゃんを迎えに来たので彼等に手渡した」と言うのである。代理母には預かり代金の支払いもあり、またお礼を直接述べたかったので、夫妻は病院に来てくれるように頼んだのだが、何者かがホテルマンを名乗って赤ちゃんを連れ去ってしまったのである。そこに夫妻の親族がアルデバランから駆けつけてきて、喜んでよいものか、悲しんでよいのか、わけがわからない状況となった。

アルデバランの皇族一家を悲劇のドン底に突き落とした犯人を見つけるべく、ヒエキ警察は必死で赤ちゃんの行方を捜索したが、さっぱり足取りがつかめず、時間が経つに連れて誘拐事件は迷宮入りとなり、そのまま暗黒の闇へと葬り去られた。

事件の発生場所がスラム街のクイニエオ地区だったことと、赤ちゃんが満3カ月の女の子で、マーカーとなる魂体が形成される以前の段階だったこと、またこの子がアルデバランからやって来た仮位相の生命体であり、その仮位相が赤ちゃん用の第1磁界だったことが災いして、暗躍する魔界神達の手によって、神々ですらこの子の位相の所在地を突き止められないという最悪の状況が背景にあった。

如来神がセザナ神に捜索をお願いしてみたが、「乳飲み子を人に預けて趣味のミーゲガ飛行とは言語道断、これは天罰だろう」と一掃され、親身になってはくれなかった。

ヒエキ警察も、アルデバラン出身の神々も、この件についてはお手上げ状態だった。

行方不明となった赤ちゃんの名前は「ケイト」――実は、ケイトの命は、惑星の仮位相の期限が切れる3年間だけのものだった。誘拐事件から3年間、ケイトの両親は惑星ヒエキに止まって必死で我が子の捜索を続けたが、ついに3年間の期限が訪れて、ケイトの行方は虚《むな》しく消え去った。

その恒星ヨイス（ヒエキ）の誘拐事件から19年もの歳月が流れ過ぎたある日、ケイトの母親は、いまは引退した有名な戦闘巫女の家を訪ねた。

母親にはどうしても確かめたいことがあった。それは「ケイトはこのアルデバランで生きている」という奇妙な確信が日々大きくなってきたこと。そこでケイトの足取り調査を霊能者に改めて読んでもらおうと考えたのである。

一通りの経緯を説明したあと、その霊能者（戦闘巫女）は「どうやら、この誘拐事件には大きな暗黒の力が作用しておるようだ」と言い、惑星神の1人を呼び出して、何かの調査を頼んだ。

「何を調べられているのですか?」という問いかけに対して、霊能者は、アルデバランに存在するケイト本来の生命位相を探してもらっている、と答えた。

「えっ、でも、その位相は、誘拐直後の神々の調査で、無人である事実を確認しています」

「だから頼んだのじゃ」と巫女が答えた。

やがて神々が調査の報告にやって来た。

「うんうん、そうじゃろう、わしの思った通りじゃ」と巫女が大きく頷《うなず》いた。そして巫女は母親に向かってこう告げた。

「ケイトは生きておる」

母親は一時的に気を失いかけ、それから突然、椅子の中で声を出して泣き崩れた。

彼女は約20年間、我が子を殺してしまったその罪を背負って生きてきた。それはいわゆる若気《わかげ》の至りだったが、しかしながら、どうしても自分がとった愚かな行動を許せなかったのである。「もし、あのとき、私がほんの少しの我慢をしていれば、遭難もしなかったし、またケイトも奪われはしなかった」と。

育児から解放されたいと願ったばかりに、とんでもない事態を引き起こしてしまった、なぜ私も空を飛びたいと言ってしまったのだろう、なんて私は馬鹿な娘だったの、いつもそう考えて自分を責めていたのである。

でもケイトは生きていた。理由はともあれ、我が子を抱きしめたい、ケイトの顔を見たい、いったいどうすればケイトと会えるの、私の子供はいまどこにいるの――そんな思いが一挙に吹き出してきて、母親は霊能者の手を握って懇願した。「ケイトと会わせてください」と。

巫女は母親を宥《なだ》めて、こう答えた。

「ケイトは巨大な力の加護のもとで大事に育てられていたようじゃ。安心するがよい。ケイトは必ず母親のもとに戻ってくる。ケイトもまた母親に会えることを願っているようじゃ、親子の再開の時期は近い、もうすぐじゃ」


ケイトの母親の身分は「キイヌゲキＡＡＡ（１族のＡＡ）」だった。平たく表現すれば皇族（１族）の中の分族がＡＡクラスであって、現銀河連合のファラ王（プレアデス皇帝）の次女として誕生していたということになる。当然、血筋的にはケイトの身分も「キイヌゲキ」のトリプルＡランクであり、これ以上の家柄は存在しない。

こうした家柄マーク（魔族マーク）は魂体の頭部に刻まれており、地球人であろうと宇宙人であろうと誰であろうと、大宇宙人類ならば必ず刻まれているという宇宙共通のマークである。一般の人間の目では見えないアストラル・マークであるが、霊能者や神々には見えており、その家系の家柄が一目でわかるようになっている。

ただ、このマークは魂体が形成されてから魂体に刻まれるもので、誕生後４カ月を過ぎないと魂体が形成されない理由から、満３カ月で別れてしまったケイトにはマークが刻まれていないと予想された。

ちなみに女神の額には菱形の女神マークが刻まれているが、その魂体には「キイヌゲキAAA」のマークが必ず刻まれている。

さて、アルデバランのプレアデス皇室に激震が走ったのは、ケイトの母親が戦闘巫女と会ったその3日後のことだった。皇室専用の宇宙船がカニ座のケオン上空で事故に遭遇して、ケイトの祖父と祖母（現銀河ファラ王夫妻）と、その後継だった長女夫妻と、その子供達の全員が、一瞬にして死亡してしまったのである。皇室メンバーはケオンで開催される連合議会に出席する予定だったのだが、誰一人として生き残ることはなく、結局皇室に残されたのはケイトの両親だけだった。

銀河連合を根底から揺るがすこの悲惨な事故は、生きる希望を抱いたばかりのケイトの母親を再び苦悩のドン底へと突き落としてしまった。彼女の頭の中は真っ白で何も考えられず、言葉も発せられないほどに憔悴した。

やがて銀河連合による盛大な葬儀がアルデバランで催されたが、人々の関心事は銀河ファラ王の後継者選出であり、当然血筋から言ってもケイトの母親が有力視されていた。しかし、彼女の精神性がきわめて不安定な状態であったことから、一般予想を覆すような後継者選出もあり得ると考えられていた。

　葬儀会場には銀河連合の各国の首脳達が一堂に会していたが、そのメンバー中には、なんと「カシオペア・プレアデス」の首脳陣が出席していた。

「カシオペア・プレアデスだと!!　いったい何の目的で彼等が来たんだ？」と多くの首脳達が驚いた。

　これまで、連合会議にすら一度も出席したことがない創造主特区に住む神系の人間達が突然姿を現したのは前代未聞の話であって、葬式会場はざわめき、異様な空気に包まれた。「カシオペア・プレアデス」が創造主セザナ神の「代弁者」であることぐらい銀河人ならば百も承知、多くの者達が彼等が現れた理由を弄《まさぐ》り続けた。２日間にわたる葬式行事が終わると、次いで恒例のプレアデス皇帝の選出式典、そして銀河ファラ王の帝冠式典が行われる。その際に「大ドンデン返し」が起こる可能性は否定できなかった。

「いったい誰が次の皇帝に選出されるのだ？」人々の関心はいやが上にも高まった。

　いつもは厳粛なムードの帝冠式典の会場だが、今回は最初からざわつき騒々しい雰囲気だった。やがて会場内に司祭とケイトの両親が現れて壇上の椅子に着席した。

　そこに「カシオペア・プレアデス」の６名の代表者が現れ、創造主からのメッセージが会場の出席者に対して伝えられた。

その内容は「創造主が選定した〝新女王・アカヒ〟の着任」の報告だった。

「えっ、プレアデス王朝の血筋とは異なる女王を創造主が送り込んできたのか」と会場が大きくどよめいた。「女王はアルデバラン人ではないのか？」「どの星から来た女王なのだ？」会場のどよめきが長く続いた。

やがて3名の侍女をしたがえた新女王のアカヒが会場内に登場してきた。

その姿を見た出席者からは「おお！」という驚きの歓声が巻き起こった。新女王のアカヒとは思わず息を飲み込んでしまうような絶世の美女だったからである。

「この宇宙にこんな美しい女性が存在するのか。彼女には一点の曇りもない。これはパーフェクトだろう」「歴代のプレアデス女王の中でも最高峰の美女だ」と、多くの者達がそう感じていた。


新女王が着席すると、カシオペア・プレアデスのほうから女王の経歴が語られはじめた。そのナレーションの冒頭で「女王は不幸にも生後3カ月で母親と生き別れた」というくだりが述べられた瞬間、「ケイト‼　あなたがケイトなの？」と母親が突然立ち上がって女王のもとに歩み寄った。女王はコクンと頷くと、「お母様」と叫んで、2人は互いに抱き合って泣きはじめた。

会場のざわめきが突然静かになり、ある者は「お母様って……ええ？　なになに、新女王とは王朝の娘だったのか」と、ある者は過去の経緯を知っているのか「ああ、なんという奇跡、神様!!」と空を仰いだ。

新女王アカヒとは、ケイト本人だったのである。

王朝の戴冠式典の舞台は、突然、親子の再会劇場に変貌し、会場の人々は涙目で親子の再会を祝福した。司祭をはじめ、会場の全員が涙を流したという前代未聞の戴冠式となった。

アカヒの頭部には「キイヌゲキＡＡＡ」のマークが刻まれており、また驚くことにアカヒの額には女神マークが浮き上がっていた。

そしてアカヒ（ケイト）とは生まれ変わった「女神ニーデ」だったのである。

いまから23万年前、銀河連合国は新女王のアカヒのもとで再び団結力を取り戻し、はびこり腐りかけていた堕状を刷新して、規律と道徳を重んじる国家連合へと生まれ変わった。地に落ちていたプレアデス王朝の権威も復活し、銀河の誰もが女王アカヒを慕っていた。

そのアカヒは満23歳で結婚し2人の子供をもうけた。おっぱいを丸出しにして、赤ちゃんに授乳しながら、公務を遂行するのがニーデのニーデたる証明、ニーデは子供を置き去りには決してしない。家庭を守れない者は国家も守れないし、また子供を育てられない者は国民も育てられない。それがニーデの哲学だった。

やがてアカヒの父親がＡＬＳで他界すると、母親が精神を患って病床に伏すが、プレアデス宮殿の中には常に子供達の笑い声が響いていた。彼女こそプレアデス宮殿の太陽に他ならなく、銀河連合の心の動力源を担っていた。

第七章　イルカ座の賢人

・天の川銀河にはびこる階級差別の実態
・銀河史に残る冒険譚――「ヒール進化論」の発見
・創造主による銀河連合への檄《げき》

ダフの約束

イルカ座の恒星フイリ（地球名称：イルカ座ε星アルダルフィン）の第3惑星キアの人類は、いまから約48万年前にアルデバランからの技術提供を受けて、創造主の認可――銀河広域指定民族を獲得し、プレアデス連合の一員となり、第二次カシオペア戦争にも参加している古参の連合民族である。

恒星フイリは青色巨星であり、地球太陽の約5倍の体積を有しており、その第3惑星キアも地球体積の約3倍の大きさだった。したがって惑星が大きい分、人間の体も大きく、キア人の平均身長は3メートルを軽く突破していた。

この話は惑星キアの、地球で言う北アメリカ大陸の東海岸地方で実際にあった話に基づくもので、ある少年（ダフ）と妖精（フェワ）の約束の物語である。

いまから約21万年前、プレアデス女王ニヌイ政権の時代、フイリ星人も連合の恩恵を多分に授かり、文明国の一員として名を刻んでいた。惑星キアの人類は裕福だったが、贅沢な暮らしをしているのは高い身分の階級だけ、格差社会の底辺には常にスラム街のような貧困層が存在していた。

ダフの両親の家柄は「クイニエオB（8族）」であり、一番底辺の労働者階級だった。

寄宿舎を備えた学校制度は無論この星にも存在していたが、それは「キイヌゲキ（1族と2族）」と「コイゴコオ（3族と4族）」と「ヌイリオン（5族と6族）」までの階級の話で、その下の「クイニエオ（7族と8族）」には当てはまらなかった。クイニエオに対して一応の読み書きを教えてくれる学校はあるが、それは地球のアフリカ地域にある学校のようなもので、勉強したい者だけが授業を受けていた。当然、寄宿舎はなく、授業が終われば子供達はそれぞれ家に戻っていた。それは現在の地球における学校制度と同じだが、さらにクイニエオ階級の子供達の特権は「自由な時間（遊ぶ時間）」をもてることだった。

ダフは6人兄弟の下から3番目の次男坊だが、長女と長男はヌイリオンの街に働きに出ていた。長女は雑貨屋の店員、長男は造船所（ドック）の作業員をしていた。すぐ上の姉（次女）は母親のお手伝い、父親は農業を営んでいた。

少年ダフは満11歳、彼の下には2人の妹がいた。ダフは学校の帰りに小川で魚釣りをするのが日課だった。

ある日のこと、学校が休みだったダフは川の上流まで魚釣りに出かけた。すると川辺の日溜まりの中に陽光を浴びてキラキラと光るものが飛んでいた。それはなんと、トンボでも蝶々でもなく、赤ちゃんのような顔をした小さな人間だった。ダフは気がついていないような素振りで釣り糸を平然と垂れていたが、その生き物のことが気になってしかたがなかった。

やがて、その羽をもった小さな人間が釣竿の上に止まってダフを真正面からのぞき込んできた。ダフはその生き物と一瞬目線を合わせたが、再び素知らぬふりをして水面の「浮き」に目を落とした。そのうちに、その小さな人間は飛び去ってしまったが、「いったいあの生き物はなんだ」とダフは考え込んでしまった。

その夜、父と母に今朝の生き物の話をすると、母親が「それは妖精よ」と教えてくれた。

「妖精って何なの?」と聞くと、今度は父親が「妖精とは神の使いだ」と説明してくれた。

「顔は赤ちゃんだったよ」とダフが言うと、「天使の子供かしらねぇ」と母親が答えた。

「ダフ、神様の使いを捕まえちゃ駄目だぞ」と父親がつけ加えた。

その日以来、ダフが川に釣りに行くと頻繁に妖精が現れるようになった。ダフが手を振ると、妖精がクルクルと回転して、まるで返事をしているように見えた。こうしてダフと妖精の関係が徐々に緊密になっていき、ダフは妖精のことを友達だと思うようになった。

妖精は言葉を喋らない。そしてダフが最初に出会った赤ちゃん顔1種類ではなく、少年や少女の顔をした8種類の仲間がいることにダフはだんだんと気づいていった。妖精達は、体のサイズはバラバラだったが、平均17センチ程度の生き物だった。妖精はいまや、ダフの頭の上や肩に止まったり、時には手を差し伸べると手のひらに乗る者も現れた。

ある日、妖精達が大きな木の幹に集まっていたのでダフが木に近づいてみると、ダフの頭の中に突然人間の声が響いてきた。言葉は共有言語のアルデバラン言語だったが、これがいわゆるテレパシー通信であった。

ダフは、この言葉の主が神様なのだろうと理解した。

その神様が「君の名前を教えてほしい」と言ってきたので「僕はダフだよ」と答えた。

「ダフ、君が大人になったら、何になりたいのかな？」と神様が聞いてきた。

ダフは、「僕は宇宙飛行士になりたいんだ」と答えた。

「宇宙飛行士か。でもそれは少し無理かもしれないな」と神様が言った。

「僕は宇宙飛行士にはなれないの？　神様」

ダフは社会のことをまだ何もわかっていなかった。

川岸に生えている一本の楢《なら》の大木、その木の上がキラキラと眩《まぶ》しく輝いているときは必ず妖精がいて、妖精が木のそばに集まっているときは必ず神様と会話ができる。難しいことはわからないが、ダフはそんな学習をした。

以来、ダフは必ず楢の木を見上げて、光っているかいないか――妖精や神様がいるかいないか、それを確かめてから木の側に近づいた。

今日も木の上がキラキラと輝いていた。

木の側に近づくと、「ダフ、どうかしたのか、元気がないぞ」と神様の言葉が響いた。

「うーん……昨日の夜、お父さんから話を聞いたんだ。僕らの階級は、宇宙飛行士には、絶対なれない。そうお父さんが言ってたんだ。神様、どうして僕らは、宇宙飛行士にはなれないの？」

「ダフ、君はそんなに宇宙船に乗りたいのか？」

「うん、だって、それが僕の夢なんだ」

「ダフ、宇宙船に乗るためには、まず軍隊に入隊しなければならない。また軍人になるためには、一般の学校を卒業してからさらに軍事学校に入らなければ軍隊の一員にはなれない。それにたとえ軍人になっても、満32歳以上の年齢にならなければ、宇宙船には乗れない規則なんだ。それともう一つ、君達の階級では、一般学校に入学することも、また軍事学校に入学することも、許されていない」

神様の言葉を聞いていると、ダフは急に悲しくなって涙が溢れてきた。

「神様ごめんなさい、僕、今日はもう帰ります」と言って、川べりの道をトボトボと歩きはじめた。

途中まで妖精達が追いかけてきたが、ダフは彼等に愛嬌をふりまく気持ちにはなれなかった。少年の未来の夢は、過酷な現実に打ち砕かれて消えてしまっていた。

その日以来、ダフは楢の木には近づかなかった。神様と話をしても悲しくなるからである。

夏も終わりかけたある日、ダフが母親の用事で親戚の家まで行ったその帰り道、すでに陽が落ちて夜の帳《とばり》が下りているのに、楢の木の上だけが煌々《こうこう》と光り輝いているのを見かけた。そこに妖精達の姿はなかったが、楢の木がダフを呼んでいるように思えた。

恐る恐るダフが木に近づくと、神様の声が響いた。

「ダフ、君はまだ自分の夢を捨てていないか？　宇宙飛行士になる夢のことだ」と。

ダフが「うん」と首を縦に振ると、

「では、お前の夢を私が叶えてやろう」と神様が言った。

「本当に？　でもどうやって」とダフが神様に尋ねると、

「その夢を叶えるためには、一つ約束を守ってもらわなければならない。その約束を守れるならば、君の夢は必ず叶うはずだ」と神様は言った。

「神様、その約束とはなんですか？」

「ウム、その約束とは、将来いかなる事態になろうとも、自分の夢を決して諦めてはいけないという約束だ。いいか、ダフ。君は性格の良い子だ、そして頭も良い。君は軍人となって宇宙船に乗るんだ。その夢を絶対に捨ててはいけない。その約束を守り切れば夢は叶う。君のお兄さんが通っているヌイリオンの街に、鍛冶屋のロバンという者がいる。その人のところに行って、そこで働きたいと申し出なさい。そこからダフの未来が開けるだろう。もう一度言う、軍人になる夢を決して諦めたら駄目だ。この私との約束を守れれば、君の夢は必ず叶う——約束を守れるのか、ダフ！」

そう神様が言うと、ダフは目を丸くして、唾を飲み込んでコクンと頷いた。

その瞬間、楢の木から光る物体が天に向かって飛び去った。これが神様の正体なのか、とダフは思った。

あたりは一瞬で暗くなった。家に帰ったダフは両親に神様との約束を話した。両親は深刻な顔つきで最後まで話を聞き入れ、そして父親は息子にこう告げた。

「夢を追うことは大事だが、11歳のお前に鍛冶屋の丁稚奉公《でっちぼうこう》が務まるのか。そんな根性がお前にあるのか。どんな仕事でも働くということは甘いことではない。ダフ、魚釣りとは違うんだぞ」

父親のその言葉にダフは黙り込んでしまったが、もはやダフの人生は動き出しており、それにブレーキをかけられる者は誰もいなかった。

その年の秋口に、両親はダフを連れて鍛冶屋のロバンを訪ねた。

ロバンはダフを見て、「お前は本当に鍛冶屋で修業を積みたいのか？」と聞くと、ダフは「ハイ」と答えた。話は即刻で決まり、その日からダフは鍛冶屋に奉公し、ロバンの仕事を手伝うことになった。

翌年の春、仕事を終えたダフがシャワーを浴びていると、いつものように主人のロバンがシャワーを浴びにやって来て、何気なくダフの顔をのぞき込んだ。

「あれ、お前はヌイリオンじゃないか、両親はクイニエオなのに」と突然ダフの頭をつかんで騒ぎ出した。「かあさん、見てみろよ、ダフは我々と同じヌイリオンだった」

「ええ、そんな、あらまあ、どうしましょう」

そう言ってロバン夫妻が慌てだした。

ダフには意味がわからなかったが、階級差を表示する族性マークが、個人個人の頭に刻印されているらしかった。

その夜、ロバン夫妻は家族会議を開いて、ダフの今後について語り合った。その結論は、ロバン家がダフを養子にもらうという話で一致をみた。ヌイリオンとクイニエオの間では養子縁組は禁止であるが、ヌイリオン同士ならば何の問題もなかったからだ。それにロバン家には3人の子供がいたが、長男と次男は軍人、末娘はすでに結婚しており、鍛冶屋の後継者がいなかったのである。

ダフの両親は、ロバンからの報せを受けてビックリ仰天した。そしてその事実を確かめに来たのだが、確かに魂体に刻まれた刻印が何者かによって書き換えられていたのである。

しかし、ダフの両親は息子の将来を案じて「気がつかなかった」ふりを貫いた。

そうして大層な金品をいただいて息子の養子縁組を認めたのだった。

かくしてダフはロバン家の三男坊となり、中途入学ではあるが学生の身分となって、8

年間の義務教育を受ける身の上となった。

ダフは思いのほか鍛冶屋の仕事が好きで、学校が休みになると、よく父親の仕事を手伝っていた。クイニエオの子供がヌイリオンになるなんて、猿が人になるような前代未聞のトンデモ話ではあるが、その運命のブループリントを書き換えられるのは、それを定めた神々のみであった。


ところで、ダフには大きな岐路が迫っていた。それは「神様と交わした約束」にからむ内容だった。19歳までの義務教育が終わったら、鍛冶屋の仕事を選択するか、それとも軍事学校に進んで自身の夢を貫くか、その難しい選択肢が待ち受けていた。

養父に対する恩と義理を欺《あざむ》くことはできないし、また神様との約束も欺くことはできなかった。養父はダフの卒業を指折り数えて待ち望んでおり、上級生になるたびにダフは学校の卒業を恐れていた。

18歳の夏、ダフは学校の休日に故郷を訪ねようと思い立った。実の父親と母親にも会いたかったし、また妹達の顔も見たかった。そして何より楢の木に行って神様と話をしたかった。

養父の許可をもらって故郷に戻ったダフは、初日は懐かしい生家で家族と再会を果たしたが、翌日になると川に出向くことに躊躇《ためら》いが生じてきて、神様と会うことに恐ろしさが募《つの》ってきた。少年の頃はヘッチャラだったのに、大人になると神様に心を読まれることが嫌だった。このまま帰ろうとも思ったが、逆にそんな弱い心を読まれてしまうのが嫌で、ダフは意を決して楢の木へ向かった。

まるで待ち受けていたかのように、楢の木の周囲には妖精が飛んでいた。そして神様の声がダフの脳裏に響いた。

「ダフ、よく来たな、夢に向かって進んでいるか？」

その言葉を聞いて、ダフは戸惑いながら「ハイ」と答えた。

「もう一度確認するが、君の夢は軍人になって宇宙へ飛び出すことだったな」

「ハイ、その通りです」

「君の心の葛藤はよくわかっている。だが約束は約束だ。この約束は命よりも重い。そもそも君を鍛冶屋にするために私は君の運命を書き換えたわけではない。お国のために生きるのか、個人の義理のために生きるのか、その選択次第で君の未来が変わってしまう。私としては君には大きな世界観や宇宙観をもった大きな人間に成長してもらいたいと願っている」

「しかし、神様、養父の期待を裏切ることは私にはできません」

「ダフ、頭を柔らかくして考えろ。4年間の軍事学校を卒業すれば、兵役はいつでも務めることができる。どの道、満32歳を過ぎないと宇宙船には乗船できないのだ。養父にその旨を伝えて軍事学校に進むのだ。それ以後は養父のために働いて従軍できる機会を待てばよい。鍛冶屋業を営んでも、その夢を決して諦めてはならない」

その言葉に感服したダフは、神様に対して深々と頭を垂れた。ダフの目の前が急に明るくなった。妖精達がダフのまわりをブンブン飛び回っていた。

その翌年、養父の理解をもらったダフは軍事学校に進んだ。無論、休みの日には鍛冶屋の仕事を手伝った。そうして軍事学校を卒業すると、ダフは従軍せず、鍛冶屋の後継者となり、養父に代わってロバン家の屋台骨を背負った。

そして満34歳のときに運よく軍事招集が発令され、ダフは他星で任務に就くことになり、宇宙空間へと旅立った。

これは宇宙には絶対に出られないはずのクイニエオの子供が、神様の力で夢を叶えたという物語である。

これは神様の「粋《いき》な」計らいの話ではなく、銀河連合の底辺社会を赤裸々に描いた話であって、同じ人間同士、差別の存在は認められるものではない。

ちなみに、成仏神の世界（神界）も、1族と2族と3族のみで構成されており、4族以下は、優秀でも神様には絶対になれないのが現実である。

竜骨座の恐竜惑星

艫《とも》座のτ星ミエグの第3惑星リミウの民族は、いまから32万年前に銀河連合に加入した国家であり、格式的には中堅どころの国家だった。イリジウムの産出国の一つであり、豊富な天然資源を基盤とした裕福な民族だった。

この物語はミエグ星人の名門家庭（キイヌゲキB）に誕生したアルマン・ドーブレの話であるが、彼が後世の人々に残した有名な探検記録に基づく話である。

アルマンはドーブレ家の長男坊として誕生したが、天性の野蛮児で、地球で言うターザンのような男性だった。学生時代は万能のスポーツマンだったが、学業を終えると軍隊に入隊し、連合軍の一員となったものの満33歳で除隊して生家に戻った。故郷に帰省するやいなや、すぐに竜骨座の恒星ワイブル第4惑星ヨアに探検に出ると言って両親の度肝を抜いた。両親は無論、学生時代から付き合っていたシーマと結婚して家系を継いでくれるものだと、すっかり安心し切っていたのだが、アルマンは稼業や結婚には何の興味も示さず、野性の血が騒ぐのか、彼の脳裏には「ジュラシック・ワールド（巨大生物の惑星）」しか存在していなかった。

天の川銀河系には「猿の惑星」が400カ所以上存在しており、その中には哺乳類や霊長類が誕生する以前のジュラシック惑星がいくつか存在する。

地球の近くでは恒星シリウスの第3惑星が有名であるが、他にも、地球に近い天体では天秤座の恒星グリーゼ581の第4惑星（b惑星）や、地球からは300光年ほどの距離を隔てている竜骨座のα星（ワイブル、地球名称：カノープス）の第4惑星（ヨア）や、地球から45万光年以上も離れているが竜座星雲（DDO―208）の恒星イゲエの第4惑星など、約12カ所の恐竜惑星が存在している。

竜骨座の恒星ワイブル（カノープス）といえば、21個の1等星の中で恒星シリウスに次いで2番目に明るい星であり、地球太陽の1万倍も明るく、また太陽の70倍の半径を有する超巨星である。

恒星ワイブルの惑星は全部で16個、その中の第3惑星と第4惑星が水の惑星であるが、生命霊界が設置されたのは第4惑星ヨアであり、ここには脊椎動物が誕生していた。地球の惑星直径の約4・5倍（5万4000キロ）という巨大惑星であるが、惑星ヨアは地球で言うジュラ紀や白亜紀の時代にあって、そこのチラノサウルスは身長が50メートルもあるという巨大恐竜の住む惑星だった。

ドーブレ家には自家用の大型宇宙船があって、4人の宇宙飛行士を雇っていたが、結局彼等もアルマンの冒険に付き合わされる羽目になってしまった。

あらゆる装備をその宇宙船に搭載するだけでも約1年近い歳月を要したというアルマン探検家の一向は総勢で18名の大所帯になった。婚約者のシーマも乗船を希望したが、それはシーマが単独位相の持ち主ではなかった理由から搭乗が拒否された。

目的地、惑星ヨアまでの距離は100光年前後だが、自家用宇宙船の航海の場合は制約が多く、まず最初に神々の許可を得なければ、乗組員の船内位相を取り付けてもらえないし、また目的地に着いても惑星位相の運搬を行ってもらえない。それをクリアした後にもまた、目的の星が他国の領域であるために、連合の飛行許可や、管理国の入国手続きを経なければ恒星ワイブルには侵入できないという制約があった。

恒星ワイブルは竜骨座のε星（ヤブケー）の領地下である理由から、アルマンの宇宙船は最初にヤブケーに出向いて、そこから恒星ワイブルへ改めて向かうという厄介な行程を経る必要があった。しかしこれは父親が連合政府の要人であったことや、またドーブレ家が有名な資産家であったことからできる芸当であった。


恒星ワイブルの第4惑星（ヨア）に降り立った人間は、アルマン一行が初めてだった。無論、ヤブケー星人の軍隊が惑星偵察を済ませているが、円盤から地上に降りた者は誰もいなかった。生物があまりにも巨大すぎて、ヨア地上での生体調査は危険なので見送られたままだったのである。

アルマン探検隊と言っても無論「学術調査（生物進化）」がメインの仕事だった。惑星ヨアの軌道に母船を周回させながら力学センサーで探査する母船チーム（10名）と、地上で生物調査を行う地上チーム（8名）の、二班に分かれて行われる約3年間に及ぶ本格的な調査だった。

最初に行われたのは、地上チームのキャンプ基地を惑星のどこに設営するかであった。

生物進化は、惑星の4本のグリッド線（渦巻の対角力線：爬虫類線、鳥類線、哺乳類線、霊長類線）を境界にして発生することから、爬虫類線（玄武属線：西経０度～西経90度）と鳥類線（鳳凰属線：西経90度～西経１８０度）の境目（西経90度地点のグリット線上）にキャンプ基地を設置するのが一番効果的だった。無論、洋上ではなく大陸の小高い丘が理想的であって、多くの肉食恐竜が闊歩している平原地帯や、捕食活動が盛んな水辺や海辺は危険な領域であることから、一行は入念にキャンプ基地の設営地を探し求めた。

アルマンは学生時代からこの星に降りることを想定し、キャンプ基地で使用するさまざまな道具や資材について研究開発をしてきた。

たとえば強化プラスチックで構成されるドーム型のテントは数百トンの重さに耐えられるものだったり、また生物調査に用いる推進力を備えた卵型の浮上カプセル（長さ２・５メートル）といった新兵器を用意していた。キャンプ基地は、大型の肉食獣が簡単に登ってこられるような低い丘では意味がなく、かといって高い山脈の上では生物調査の意味がない。小型艇が着陸可能な小高い丘の上で、ドームを設営できる十分な面積があることが条件だったが、調査の結果、地球で言う北アメリカ大陸の西側に理想的な場所（高さ２０0メートルの岩場）が見つかった。惑星ヨアの西経90度、北緯35度の地点である。

ここならば巨大恐竜も登ってこないし、見渡しが利くので最適と思われた。水の補給先が遠いことと、基地の頭上がガラ空き状態であることはしかたがなかった。

小型艇が何度も往復して機材を運び入れ、地上チームのキャンプ基地づくりが始まった。最初は生物の侵入がほとんどなく、比較的スムーズに設営が進んだが、後に小型の肉食恐竜（ヘレラサウルス科のラプトル）や原鳥類（ドロマエオサウルス）のターゲットとなり、ドームの外に出ての作業が困難を呈してきた。

原始惑星ヨアに生息する恐竜は大型恐竜ばかりではない。この星は爬虫類から鳥類への進化の途上にあって、無数の小型恐竜が生息していた。そこで彼等が登ってくる傾斜がゆるい箇所に、シリウスの第3惑星で使用されていた恐竜避けの電気柵を張り巡らせる対策をとった。もちろんドーム基地の壁にも高圧電流を流しており（翼竜対策）、また基地の内部からも分子破砕銃を照射できるようになっていた。

荷物を運搬した小型艇は母船へ戻したが、やはり心配なのはドーム基地が大型恐竜に襲われることだった。ドームは岩盤にしっかり固定してあるものの、それごと咥《くわ》えられて運ばれてしまわないかが心配だった。地球ではカラス程度の大きさのチビ恐竜が、この星では人間サイズ、また地球では3メートル前後の小型ラプトルもこの星ではチラノサウルスのサイズにあたるためである。

アルマン探検隊は、浮上バイクで探索する予定が、体長50センチから1メートルくらいの原鳥類がたくさん飛んでいるために、人間の身体をガードするための強化フードで覆《おお》わないと、バイク探査は危険すぎて無理だった。

またアルマンが開発した浮上カプセルは、巨大な翼竜に捕獲されてしまう可能性が高く、まったく使いようがない企画倒れの発明品であることが現地で判明した。そこでカプセルを改良して浮上バイクの防御フードにすることとなった。


地上チームのメンバーが作業を始めてから3日後、あらかじめ予期はしていたものの、免疫系の抗体反応が始まり、発熱などの風邪症状が全員に出てきた。主原因は無論ヨアの昆虫ウイルスである。

当時のプレアデス医学では免疫グロブリンの増幅処置で対処するのだが、個人差はあるものの大なり小なりの症状が現れるのは避けようもなく、それが他星に降り立つ生理学的な「関門」であった。

そうした症状が治り、身体がその星に順応するのに約2カ月間の時間を要するが、アルマンの一行もその試練に耐えなければならなかった。

キャンプ基地を設営して3週間後、いよいよ水の補給にドームの外に出なければならなくなったとき、最初に手を挙げたのが一番元気なアルマン本人だった。彼は外に出たくてウズウズしていたのである。

基地から50キロ離れた山脈の湖に行くか、それとも大量の肉食恐竜が闊歩している2キロ先の川に水汲《みずく》みに行くのか、選択肢はあったが、アルマンは2キロ先の川に行くと言いだした。

「恐竜達に自分達の存在を知らせる」というアルマンの野蛮な考え方は皆に反対されたが、本人はまったく恐れていなかった。汲水中に浮上バイクを破壊されてしまったら、水汲みどころか徒歩で基地まで戻る結果となってしまう。母船チームも地上チームも皆はそれを心配していた。しかし、そんな忠告はアルマンには通用しない。4個の水タンクを浮上バイクに設置して、アルマンは「ヤッホー」と奇声を発して飛んでいってしまった。40分後にアルマンは汲水を終えて戻り、さらにそれを3回もくりかえした。

「大丈夫だったのか」と皆が聞くと、水中から大型恐竜に二度アタックされたが、ソナーで警戒していたのでうまくかわせたというのだから、尋常な神経の持ち主ではない。

それ以来、アルマンは毎日調査を敢行し、その行動半径をドンドンと広げていった。

バイクの運転技術はもとより、その生物の身体運動の特徴を学習し、至近距離まで容易に近づくことができた。時には巨大恐竜の背中に上に着陸してみたり、あるいは水面や海面をギリギリに飛んで巨大な海竜（プレシオサウルス）をジャンプさせるなど、まるで曲芸を楽しんでいるかのように見えた。

浮上バイクは3台用意していたが、アルマンに刺激されたのか、他の者も撮影に出かけるようになり、あっと言う間に地上チームは惑星ヨアの生物相の中に溶け込んで順応していった。

アルマンは恐竜の卵を孵化《ふか》させてみたり、子供の恐竜を育ててペットにしてみたり、時には草食恐竜の背中に乗って乗馬するなど、ずいぶん危険な真似をしていたが、恐竜に腕をかまれるような失敗は一度もなかった。また恐竜達も人間の存在を認めたのか、それともその強さを認めたのかはわからないが、人間を餌だとは認知しなくなったようだった。

探検隊地上チームの3年間に及ぶ活躍のおかげで、惑星ヨアでの生体調査は驚くほど進んで、空中からは見えなかったさまざまな新事実がわかってきた。

当時、生物の進化論にはさまざまな仮説が存在したが、そこに天体の物理的な要素が大きく関与している事実はわかっていた。しかし、具体的にそれを解き明かして総括した学説は一つもなかった。生体バイオンや生体ヒールの存在は理解していたものの、それらが生物進化とどう絡んでいるのか、まったくわかっていなかったのである。

アルマン・ドーブレの科学調査船が発見した最大の功績は「天体ヒール」の発見と、その天体ヒールの「周期活性帯の発現」という内容だった。

それをここで具体的に説明すれば、それだけで本一冊分になってしまうためにここでは詳しく説明しないが、とにかく生物進化の誘導は惑星の物理環境に根ざすもので、生物の体に特定の進化を誘発させるところの特定の活性層が時代別的に出現するという仮説の進化論があった。

それは原始惑星がある時期を迎えると、北緯30度〜北緯45度の領域だけが帯状に活性し、その地帯に生息する生物は一斉に「手」に変化が起こって「手」を「翼」へと進化させていくという事実であった。

彼等の進化論は一般に「ヒール進化論」と呼ばれたが、注目すべきはその裏づけとなる酵素生産をになうＤＮＡ理論であった。それは獲得したＤＮＡの長短で進化の優劣が決定されるという仮説をベースにしていた。

水の原始惑星には、海洋の中に巨大な原始核酸が形成される、という事実が観測によってわかっていた。

アルマンの進化論では、その原始核酸が分裂崩壊することによって細胞単位に取り込まれ、その核酸の長短によって進化に対応できるか否かが決定されるという内容なのである。大型恐竜のDNA組成を調査してみると、手を進化させるために必要なタンパク質を生産するDNAが不足しており、その個体が純粋な爬虫類である事実がわかった。しかし、手を翼に変えている原鳥類の恐竜を調べてみると、鳥類DNAを保管しており、爬虫類のDNAとは異なっていた。さらに原鳥類の恐竜の仲間には哺乳類DNAを有するものもいれば、霊長類DNAをもつ複雑なDNAを有するものもいた。

これらの事実から、その惑星のヒール環境が変化すれば、爬虫類の中から鳥類が分派し、鳥類の中から哺乳類が分派して、さらに最終的には哺乳類の中から霊長類が分派する事実を確認できたのである。

ちなみに、人間の受精卵は一番長い霊長類DNAであることは承知の通りであるが、しかし母親の子宮の中でいきなり霊長類の体が形成されるわけではない。子宮ヒールの周期活性に基づいて順番に形成されていく。そのために胎児の体は魚類─爬虫類─鳥類─哺乳類─霊長類─人間という行程を経て人間の体にまで進化してくる。過去45億年の生物進化の縮図がわずか十月十日《とつきとおか》で再現されているのである。

アルマン・ドーブレの進化論はいまは銀河常識となっている。それに比べて地球の進化論には「ウイルス進化論」が存在するのだから、銀河人からは笑われてしまうだろう。ウイルスが核酸を操作して、たまたま偶然に人間のＤＮＡ組成が形成されたという根も葉もない理論を信じている地球人はどうかしていると銀河人に思われても致し方ないのである。

イルカ座の賢人

イルカ座の方向には人類が住んでいる星が二つ存在し、その一つがイルカ座のε星の恒星フイリ（アルダルフィン）と、最も有名なイルカ座のβ星である恒星ドニチゼブズ（ロタネブ）である。ドニチゼブズには銀河連合軍の本部が置かれている関係上、一般にイルカ座と言えば「β星」のほうを指している。

両者は地球では同じイルカ座に区分されているが、実際は３００光年ほど離れている。また恒星ドニチゼブズは多重星であり、主星のＡ星（ドニチゼブズ）と伴星のＢ星が磁束連結（横結合）しており、１組のペアを成している。したがって主星の第３惑星（グイフリ）には太陽が二つ存在し、主星の太陽周期と、その3分の1の大きさの伴星の太陽周期が交互しており、非常に複雑な環境下にある。

惑星グイフリにはいまから28万年前に銀河連合軍の本部がアルデバランから移設されたが、無論、それ以前からこの惑星には人間が住んでいた。しかしこの人間達は、人類を芽生えさせたものの言語移植が遅れた非文明人（原始人）であって、そんな関係から軍本部が設置される経緯となった。もちろんグイフリの原始人の中に賢人が生まれるはずもないが、原始人の教育のために派遣されたアルデバラン人が、この星に本位相を移して帰化し、原始人と一緒に山中で暮らしていた。

惑星グイフリの北ヨーロッパ地方には銀河連合軍本部が設置され、そこには巨大な空港が一つ、またロシア側には空港が二つ、北アフリカに空港一つ、そして北アメリカ大陸にも空港が二つ建設された。

グイフリの原始人の多くは、いわゆるアジア大陸と南半球（特にアフリカ大陸）に生息していた。

いまから20万年前の話である。

賢人イサラは、中国大陸の四川省にあたる領域に住んでいた。イサラは若い頃にアルデバランで菩薩界同会（解脱）を果たして地方の司祭に抜擢されたが、それ以後、如来界にはなかなか同会できず、本人もそれで苦しんでいた。

イサラは、グイフリの原始人啓蒙の話が持ち上がると、自ら職務を捨てて、いの一番で名乗りを上げたという変わり者であった。この当時、俗世では雑音が多すぎて修行の邪魔になると彼はそう考えたようだ。

時を経て、イサラは原始人とともに山中に籠《こも》っているが、それまでは銀河連合軍の精神的な支柱として数百万人もの異民族軍人を一つに束ねる役割を果たしていた。

イサラが賢人と呼ばれるゆえんは、誰よりも多くの人間達と関わってきたことにあった。そうしたキャリアがベースにあって、ついにグイフリで如来界同会を果たし得て、いまは神々と密接な関係にある理由から、山に引き籠っていた。

イサラは、1人の戦闘巫女の100倍近い情報量をもっていた。

ある日、イサラが住むグイフリ人の部落に連合艦隊の円盤が降りてきて、着任したばかりの幹部数人を引率した司令長官がイサラに意見を求めた。どうやらまた問題が発生したようだった。

イサラはすでに軍事顧問からは引退した身の上だったが、解決が難しい問題が起こると、こうして司令官自ら相談にやって来るのだった。正式な神々申請を行う前に、銀河軍は、まず先にイサラの見解を仰いで先の見通しを立てていた。

銀河連合が何を行う場合でも、いちいち神々や創造主の許可をもらわなければ、組織行動を起こすことができない。〝生き如来神〟として活動しているイサラは、神々と最も密接な関係にある人間の1人で、神々の裏事情にも精通しているし、また霊界や龍神の知識もよく知っていた。

問題の一つはオリオン街道の開拓だった。当時、オリオン街道は銀河磁場圏の第5磁界領域まで開拓が進んでおり、その奥から国籍不明の円盤が出現することから、航路の延長が重要な課題となっていた。

銀河系の中心部には星が密集しており、銀盤レコードのような形状を呈しているが、星が密集しているのは第6磁界（銀河系の中心点から半径約5万光年）までで、その外（第7磁界から）は単独の星はほとんど存在せず、200個以上のミニ銀河（星雲銀河）単位で存在している。

国籍不明の宇宙船がどうやら第6磁界に存在する太陽系から飛来していることは見当は

ついているものの、正確には突き止められておらず、わかっていることは連中がオリオン大星雲（M43）の方角からやって来るという事実だけであった。

銀河連合以外の優れた文明国の存在は連合軍にとって最大の脅威に他ならず、神々からの情報が得られないいま、連合が相談できる相手は元軍事顧問だったイサラぐらいしかいなかった。

イサラはこの星（グイフリ）の龍神と仲良くしており、一般の霊能者にはできない龍神情報を集めることができ、その知識の裾野がたいへん広かった。

連合司令長官がイサラに対して最近の情報を話した。

「イサラ殿、オリオン街道の守備隊の情報では、最近になって天体龍の活動が盛んになっており、街道沿いの星でも凍結されていたはずの龍神が目覚めている様子だ。戦闘巫女の情報では、オリオン座の向こう側で、巨大な暗黒の力が結集しつつあると感じているようだ。私自身も不穏な空気を感じ取っており、この先のことが心配な状況だ」

それに対し、イサラが次のように述べた。

「オリオン側が活性化していることは間違いがないでしょう、私もそう思っています。国籍不明の戦艦は明らかに銀河連合軍を挑発しています。しかし、いまは先方も本格的な戦闘をするつもりはないと、私はそう判断しています」

「彼等はいったいどの星からやって来るのでしょうか。イサラ殿は何かの情報をおもちですか」と長官が尋ねた。

「明確には断言できませんが、オリオン大星雲からさらに700光年ほど行ったあたりの星であると考えています」とイサラが答えた。

「ほぉ、連中はそんな遠くから来ているのですか。グイフリからは2500光年も離れておりますすな」

「そうです。銀河系の中心点からは約4万光年離れた位置にあたると思います、オリオン街道の先端部からはまだ1000光年ぐらい先にあります」と言って、イサラは銀河天体儀をホログラム投影させて場所を指し示した。その星は天体儀では「NB－6687星」と書かれており、地球ではオリオン座のオリオン・ベルト三星の中のε星であるアリニラム（Alnilam）を指していた。

「この星なのですか？」

「たぶんですが、間違いがないと思います」

長官はしばらく考え込んでから「神々も知らない情報を、イサラ殿は、いったいどのようにして入手しているのですか？」と聞いた。

「私の場合は、イメージ映像で場所を直接探りあてられるのですが、残念なことに、その星が銀河のどの座標位に存在するのか、正確にはわかりません、そこで、親しくしている龍神に飛んでもらって座標位を割り出しています」

「な、なんと、龍神を使えるのですか？　あの龍神をですか？」

長官の顔がさらに真剣な顔つきになり、身を乗り出して聞いてきた。

「イサラ殿、彼等はいったい何者ですか？　それに彼等が連合内に侵入してくる目的とは、いったい何なのですか？　その辺のところがわかりませんか？」

するとイサラは腕組をしてから「うーん」と唸《うな》って、ボソボソと語りはじめた。

「龍神情報によれば、彼等は数万年前には原始人だったらしく、非常に短期間で科学を発達させた民族らしいのです……この星の周辺（100光年以内）には、さらに二つの人間惑星があり、合わせて三つとも弓槍時代の原始人が住んでいたと聞いています……正直言って、わずか数万年間で円盤を開発するなんて奇妙な話なので、これはたぶんの話ですが、創造主ヒューマノイド民族であろうと私は考えています」

「創造主ヒューマノイド？」

「ええ、そうです。長官は創造主ヒューマノイドをご存知ではありませんか？」

「いや、さっぱり」

「創造主ヒューマノイドとは、言葉を話せない原始人に対して、創造主が初期の段階で言語移植のために使う手段であり、それは大昔に我々の母星アルデバランでも使われていた技術です」

「よくわからないが、創造主が個々の人間を操作コントロールするという意味でしょうか？」

「そうです」

「では、いったい何のために、創造主セザナ神は軍隊を組織して、銀河連合へ侵入させてくるのですか？」

長官はそう質問したが、イサラは「創造主の本意は私にもわかりません」と答えた。

「創造主が望む通りに、我々銀河連合はこれまで忠実に動いてきたし、まるで宣教師のごとく、聖地開拓も、啓蒙作業も、技術伝授も行ってきた。創造主が我々にいったい何を求めているのか、私もまたイサラ殿と同じであって、創造主の本意をよく理解することができない。創造主の本意はどこにあるんだ……うーむ、難しいな」

長官はそう言って椅子に深く座り込み、イサラの顔を仰いだ。

「長官。もし、セザナ神が連合を解体させるつもりなのであれば、連合内の天体龍を起こして活動させるだろうと考えられます……しかし、そんな兆しはまったくない。いまのところは宇宙船を飛ばして連合軍側の反応を見ていると思います。でも、セザナ軍という人間軍隊をつくったという事実は確かだ。これは将来、我々との交戦も視野に入れているという意味であり、つまり彼等と銀河軍の戦闘も起こり得るという話です。私としては、創造主軍と銀河連合軍が戦わなければならない運命にあるならば、それを想定して、いまから準備したほうがよろしいかと思います。これは私の師匠である普賢王如来（ミエル神）から聞いた情報ですが、セザナ神は、我が子を千尋《せんじん》の谷へ突き落とすような創造主だと聞いています」

「では、イサラ殿、現在建設中のオリオン街道に関しては、どうお考えですか？　いまのところは敵の抵抗はないし、神々の反対もないようですが」と長官がイサラに尋ねた。

「私の考え方は、神々とは異なります」とイサラが答えた。

「それは、街道の航路開発は危険だという意味ですか？」

「そうです」

「それはなぜです？」

「街道が建設されれば、敵の通り道に使われるからです。私は大量の軍団を送り込める街道の建設を、セザナ神が待っているような気がしています」

　そうイサラが意見を述べると、

「街道が完成しなければ、こちらから艦隊を送り込むことができない。つまり連合内で戦う羽目になり不利だから、街道を外に延ばしている」と長官が答えた。

それは戦い方の常道であり「守る者は結局負けてしまう」という戦争の哲学を意味していた。

長官にとって、イサラの情報はたいへん役に立つものだった。

相手は創造主のセザナ神である事実に確信をもてたし、また、だからこそ神々がさっぱり情報をくれなかったことにも納得ができた。

長官が恐れていたのは未知なる人類の出現であった。しかし、その意図はどうであれ、相手がセザナ軍とわかれば、所詮同胞であって他人ではない。どの道、連合内部の腐敗や堕落を嫌ったセザナ神が、連合に対して「活」を入れる目的の軍隊だろうと、長官は高を括っていた。また「イサラは軍事顧問であって軍事参謀ではない」とも考えた。

このときの銀河連合軍司令官は「ヒオイヌガ長官」であり、戦術に長《た》けた老戦士だったが、神界のことに関してはあまり知識がなく、実に人間臭い司令官だった。彼はイサラから細かい情報を聞き出して、アリニラム星人の人口が約20億人であることや、近隣の二つの星の総人口が10億と10億であることも聞き出し、戦士として戦える実効数が、仮に三つの星が連合を組んだとしても13億人程度であろうと見積もった。これは超大な銀河連合軍にとっては一国の軍人数であり、銀河軍はその約200倍の人口を有していた。そのために「この勢力では銀河軍の懲《こ》らしめにもならない」と、そう判断していた。

結局、こうしたヒオイヌガ長官の考え方が奇妙な安心感を生み出して、それが銀河軍全体にも広がっていった。オリオン街道から侵入してくる国籍不明の軍艦に対して、以前のような恐怖感や警戒感は消失し、領地を侵犯されても知らないふりを決め込む不干渉体制へと移行していった。

また創造主の命令に忠実にしたがっていれば、連合軍に対して彼等が先に手を出してくるとはとても考えられなかった。イサラの考え方は特異的であって、逆にそうした戦闘意識の高揚が、神々や創造主の、人間に対する不信感を煽《あお》ってしまうのではないかと、多くの軍人達はそう考えたのだった。

だが、実際の現実は、皆が推察したような甘いものではなかった。

物事の原理とはいたって「シンプル」なものだ。ミカン農家もイチゴ農家もそうであるが、社会の需要に合わせて毎年同じような味のミカンやイチゴを栽培したところで、ありふれたミカンやイチゴは特別な存在とはならない。商品価値を高めるためには改良に改良を重ねて優秀なミカンやイチゴをつくり出す必要がある。それは人間を栽培している創造主にとっても同じことであって、ありふれた人間をいくらつくり出したところで、同じような価値しか示さない均等なレベルの民族ならば、わざわざつくり出す意味がないのである。

この大宇宙そのものが「生命生産工場」であって、天体そのものが人間を栽培するための一つの生産牧場であることを考えれば、優秀な人間株をつくり出すこと、それが創造主の本分の仕事である。

とかく人間は安定を願って変化を好まない。だから創造主は外から刺激を与えて人間世界に変化を巻き起こし、社会進化の道筋を誘導している。

ただ食べて繁殖するだけの人間社会をつくったところで意味がなく、お利口ちゃんの銀河連合がいくら繁栄しようが、進化（縦の成長）を忘れた人間生命など蟻《あり》ん子と同じ、基本的にいらないのである。

セザナ神は銀河連合を上回る科学力を有した民族株をつくり出し、それを銀河連合にぶつけて見せた。もし、銀河連合がその技術と対等、もしくはそれを上回る科学力を呈示できなければ、銀河連合そのものの存在意味がなくなってしまう――銀河連合が進化に対応できない「烏合《うごう》の衆」の集まりなのかどうか、それが試される時期がいよいよ到来したことに、誰も気がついていなかったと言ってよいだろう。

創造主の本意が理解できないのは、物事の道理をわきまえられていない「愚かさ」の証明のようなもの、セザナ神は銀河連合の反応を観察しており、状況次第では連合の解体も視野に入れていた。

賢人イサラの懸念はセザナ神のそうした動向であり、だからこそヒオイヌガ長官を諫《いさ》めたのであるが、どうやら長官も人の子、深い洞察力が欠如していたようだ。

＊

アルデバラン民族の興隆から始まるプレアデス文明は、すでに30万年にも及ぶ長い銀河支配を行ってきた。その功績は偉大なものであるが、長く政権を維持できた理由は、格差社会（ヌネアヒ制度）に原因があって、支配層が下層階級を完全に支配して簡単に覆されない安定した統治体制をとってきたためであった。

そもそも大宇宙の渦磁場生命とは天然の集積回路生命のことである。演算回路の中に生物を肥やし、人間にまで進化させる目的は、さらなる「心の進化」を涌現《ゆげん》させるためだった。つまり人間とは、その肉体も心も進化の象徴物なのである。

人間同士が平和に共存し合っていても、それは安定生活のための方便であって、そこには1ミリの成長もなく、平和のなれの果てには、いつも腐敗と堕落が待ち構えている。だからこそ人間とは永久の修行僧でなければならず、常に上を目指して成長する人間でなければならない。


創造主は当初、銀河連合の成長に期待をかけて連合組織を陰から支えてきたが、しかし、ゆとりのある経済発展を遂げた銀河連合は、いつの間にか権威を笠に着る貴族集団と変じてしまい、縦の伸長よりも横の伸長を重んじて、変化や改革や修正を好まなくなった。銀河の秩序と法の統制、連合の安定維持、経済基盤の充実、彼等は内的な充実性しか追わなくなって陰化してしまったのである。

小さく完成してしまえば、自ずと成長がストップして、必ず「終わり」がやって来るもの――連合の人間達は、それに気がついていなかったのである。

＊

さて、結論を先に述べれば、銀河連合はいまから18万年前にオリオン街道を開通させる。同時にアルデバランのテニネが星の寿命を迎えて、4人の女神が牡牛座のアルデバランからコップ座のケウエグ星に移された。

また、いまから14万年前にはアリニラム連合軍と本格的な交戦状態に突入し、のべ2万年間に及ぶ長い戦闘の果てに、最終的には陥落し、連合国家は完全に解体されてしまうのである（12万年前）。

第八章　惑星テニネの陽化

・運命と輪廻転生、その真意
・創造主視点の変革は、神と人間にとっての試練
・4人の女神の大移動
・地球西暦2023年現在、太陽系第3惑星地球の龍神島に、世界の優秀な人材のほぼ全員が集められている理由

人間の罪

射手座のτ星（クシケル）の第3惑星ラエキは大繁栄した地方都市の一つである。クシケル星人の主な産業は、コンピューターなどの精密電子機器や小型の機械部品であった。一方、同じく機械産業で有名な星は竜座のα星（トゥバン）の第3惑星（ナカチエ）であり、トゥバン星人の主な産業は大型の機械産業だった。

両星の機械や部品はいわゆる一流メーカーの定番商品であり、軍事機器や医療機器や産業機器も含めて連合国の大半が使用していた。その優れた技術によって民族は大繁栄を極めたが、繁栄すれば衰退するのが自然界の道理、栄枯盛衰の物語は地球だけの話ではない。

この話は惑星ラエキで起こった悲しい物語だが、どこの星であろうが、いやどんな時代であろうが、所詮「人間は人間」、その苦しみも悲しみも辛さも一緒である。惑星ラエキの北欧圏の街に花咲いた恋から始まるこの物語、主人公の2人には悲しい運命が待ち受けていた。

窓を打つ激しい風の音に目を覚ましたドエルは、ふと時計を見た。外はまだ暗いのに時刻は朝の7時になっていた。凍りついた窓から通りを眺めると、吹雪の中を人が歩いている。激しい冬の嵐に車やバイクの姿はなかった（浮上自動車や浮上バイクは風に弱い）。

「ドエル、今日は歩いて出勤よ、早く起きなさい」

階下から母親の声が聞こえてきた。ドエルの勤め先は軍事関係の計器を扱う会社であり、自宅から歩いて30分ぐらいの距離にあった。ドエルは寝ぼけながら顔を洗って朝食をかき込んだ。

「出張はいつ頃になるの？」と母親が聞いてきたので「うーん、まだ会社の日程が出ていないんだよ」とドエルが答えた。

「今度はズジゼブハへ行くんでしょう？　1カ月はかかるわね」と母親がつぶやいた。

「いや、それもまだ決まっていないんだ、もしかしたらアルデバランかもしれない」

そう言ってドエルは自宅を出た——これは何気ない日常の1コマだったが、まさかそれが母親と最後に交わした会話になるとは、運命の先々は神々でも読めない。

会社に到着して仕事を始めると、上司のマレンが来て「今週末からズジゼブハに出張だ」と言われた。ドエルは電子部品の営業課に属していた。

昼休みが終わると「ドエルさん、お客様が来社しています」と社長秘書が言うので接待室に向かうと、明らかに異星人と思われる3人の男性が待っていた。彼等はたどたどしいプレアデス言語（銀河共有言語）で「重要な要件があるので、これからある人物に会っていただきたい」と言ってきた。てっきり仕事の要件だと思い込んだドエルはＯＫを出して、秘書の女性に外出の要件を伝え、また自分の母親に、出張先はズジゼブに決まったと電話してほしいと頼んだ。母親に出張の準備（荷づくり）をお願いするためだった。

ドエルはマレンに要件を伝えた後、彼等と一緒に迎えの車に乗り込んだ。外の吹雪はすっかり止んでいた。車に乗り込むとすぐに、ドエルは麻酔液を嗅がされて車内で寝込んでしまった。やがて小型船が降りてきて惑星軌道の母艦まで連れていかれた。

麻酔が覚めると、そこには若い女性が立っていた。

「ごめんなさい、人違いだったようです」と女性が言ってきたが、何がなんだかさっぱりわからないドエルは、

「えっ、君は誰？　ここはどこ？　彼等は何者？」と女性に問いただした。

「本当に、ごめんなさい。同じ会社だったから、彼等が間違ってあなたを連れてきたよう

なのです。あ、私の名前はイレーナ。婚約者の名前はジュエル。あなたと同じ会社の人間です」

「ああ、ということは、武器課のジュエルと僕を勘違いしたわけ？　あの連中はいったい誰なの？」と声を出すと、イレーナは「しーっ」と指を口に当てて「誰か来るわ」と囁いた。

部屋に入ってきたのは最初の3人だったが、もう1人の人物が入ってきてドエルの顔を見るなり、突然騒ぎ出した。それは聞きなれない言語だったが、どうやら本人ではない事実が連中にもわかった様子だった。4人は血相を変えて慌てて部屋を出ていった。

「これはいったいどういうことなの？」とドエルがイレーナに問いただした。

「私もよくわからないの。でも婚約者のジュエルが連中と何か裏取引をしていたみたい、連中は私を殺すぞと恐喝しているみたいなの」

「えっ、あいつ産業スパイだったのか」

「それもよくわからないの。でもジュエルが悪の片棒を担いでいるなんて信じられないわ」とイレーナが言った。

ドエルは話題を変えた。

「イレーナ、君はどこに住んでいるの？」と聞くと、彼女が隣町の住人であること、彼女の父親が軍事産業の関係者であることがわかった。

「ジュエルとは3カ月前に父親の紹介で見合いしたばかりなの」とイレーナが切り出した。

「でも、君達は結婚するんだろう？」

「えっ、まだ、2、3回しか会ってないのよ。この話は父が強引に決めただけなの」と答えた。しばらくして「……あら、もしかしたら、これには私の父も関係しているのかしら？」と彼女がつぶやいた。

長い時間が経過し、やがて食料を抱えた男性が現れ、食事をとることとトイレに行くことを許可してくれた。

「ここはどうやら空の上のようだ。そして彼等は軍隊みたいだな」とドエルが言うと、イレーナが「うんうん」と頷いた。

「彼等はジュエルを本当に誘拐してくるつもりなのだろうか。いったい何をしようとしているのか。この僕にはさっぱりわからない。でも、僕はここに連れられて、むしろよかったと思っている」とドエルが言った。

「なぜ？　あなたは無関係な被害者なのに」とイレーナが言った。

「君のような美しい女性と一緒にいられるだけでも僕には幸せなことだよ」とドエルが口にすると、イレーナはハッとした顔をして頬を赤く染めた。こんな状況下なのに、2人は会った瞬間から恋に落ちていたのだった。

2日間にわたる長い拘束状態だったが、2人は互いの心をときめかせて幸せな時間を過ごしていた。無論、カメラで監視されているので抱擁こそできなかったが、寝るときは手を握り合って寝ていた。


そうして3日目の朝に連れてこられたのは、同僚のジュエルではなく、イレーナの父親だった。イレーナの父親は軍人上がりでドエルの会社の役員を務めていた。その家柄は「キイヌゲキAのDDクラス」で、これは特権階級の人間ということになるが、その地位を利用して他国と裏取引をしていたというのが事の発端だった。そして、その裏取引をジュエルに強要していたのだが、ジュエルはそれを拒否していたらしい。期限が迫った父親は仕方なくジュエルを誘拐させて、娘の命がかかっていると再強要を企てるつもりが、それが裏目に出てしまい、ついに裏取引の相手が業を煮やしてしまったというのが経緯であった。

父親はこれらを娘に正直に告げた後、ドエルに対しても「申し訳ない」と謝罪をしてきた。

ドエルは父親に対して「この軍隊は、どこの国のものですか?」と尋ねた。

イレーナの父は「蠍座のλ《ラムダ》星（ガイハ：地球名称シャウラ）の軍隊である」と答えた。

ドエルは続けて聞いた。

「ガイハ星人ですか……。あの国は政情が不安定だと聞いています。これは政府軍ですか、それとも政府の対抗馬ですか」

「反勢力のほうだ」イレーナの父親が答えた。

ドエルはさらに重ねて問うた。

「なぜ、連合軍上がりのあなたが、反勢力側の片棒を担ぐのですか？」

「そんな野暮なことは聞かんでくれ、金のためだよ。イレーナの母親が死んでから、もう10年にもなる。イレーナを無事に嫁がせてから、私は再婚相手と、暖かい国でのんびり余生を送りたかった」イレーナの父は、正直に答えてくれた。

「あなたが軍事裁判にかけられれば、イレーナはひとりぼっちになりますよ」とのドエルの言葉に、父親が答えた。

「私を裁くのは祖国ではない。彼等ガイハ星人か、さもなくば神だ」

「えっ、彼等はあなたを処刑するつもりなのですか」

「たぶん、そうなるだろう」

「だって、今回は約束通りに運ばなかっただけじゃありませんか。彼らにとって、利用価値がまだあるでしょう、あなたには」

「そうじゃないんだよ、ドエル君。私はガイハの政府軍とも裏取引をして、両者から金を巻き上げていたんだ、今回はその事実が判明して捕まったんだよ……彼等は私を絶対に許さない」と父親が吐き捨てた。「無関係な君がどうして私の肩をもつのだ？」

そのとき、イレーナが父親に抱きついた。沈黙がしばらく続いた。

と、部屋のドアが開いて、父と娘は無理やり引き剥がされ、イレーナの父親が連れていかれた。

ドエルは、涙を流しているイレーナを強く抱きしめた。もしかしたら、我々も処刑されるかもしれないと、ドエルの胸には不安がよぎった。しかしその一方で、反勢力と言っても正式な軍隊であり、罪のない2人はいずれ解放されるだろうという期待をドエルは抱いていた。「もし、解放されたら、僕はイレーナと結婚する」とドエルはそう心に誓った。イレーナは毛布に顔を埋めたままシクシクと泣いていた。ドエルは彼女の背中をさすりながら、イレーナが負った心の傷を癒し続けた。

次の日、2人は司令官と思われる人物の前に呼び出された。

「君達に罪がないことは、我々も承知している。君達の身柄を解放して自由にしてやるつもりではあるが、だが君達は知りすぎてしまった。残念ながら、解放場所はこの国ではない」と言い渡された。2人は顔を見合わせたが、その言葉の意味はわからなかった。

宇宙船がクシケルを出航してから7日間が過ぎ去った。2人は自分達が遠くの星に降ろされるだろうことは理解できていた。このとき、ドエルは満36歳だが、イレーナは満28歳だった。宇宙船が発進すれば、イレーナは医務室に運ばれるかもしれないとドエルは覚悟していたが、幸いイレーナは覚醒しているのか、仮死状態にはおちいらなかった。2人は初めてキスをして男女の神聖な儀式を行った。そして2人の結婚を認めてくれるように神に祈った。

出航してから10日目、宇宙船がようやくある星に降り立った。船員が神々に対して仮位相を要請していたことから、2人がこの星に降ろされることは明白だった。当然、見知らぬ文明国で解放されるのだろうと期待していたが、現実は残酷なものだった。2人が解放された星は、生物霊界が存在しない「植物と昆虫」だけの惑星だった。早い話が宇宙船の航路に点在する「水や空気の補給場所」の星だったのである。一緒に下船した司令官が2人に向かってこう告げた。「君達の運が良ければ、神にその声が届いて、どこかの国の宇宙船に拾われるかもしれない。君達の武運を祈る」そう敬礼し、宇宙船は発進していった。

この星には見たこともない巨大な太陽が二つもあった。

幸い補給場所には銀河連合の建物があり、雨露は防げるが食料はなかった。だが、植物や昆虫がいるので、その気になれば食べられないことはないはずだった。問題は水汲み場惑星の仮位相であり、2人の命はあと3年しかもたないということだった。

3年間で宇宙船が1台も立ち寄らないことはないだろうとも考えたが、ここがどこの航路なのか、それがわからなかった。

もしめったに宇宙船が通らない航路だったら、2人の未来は絶望に閉ざされる。この星に神様などいない。2人はそれも理解していたし、またこの星で2人で生きていくしか手段がないことも当然わかっていた。でもいまは、なぜか2人きりなのが嬉しかった。

ドエルは母親のことを考えた。母親にはドエルの弟も妹もついている。仮にドエルが戻れなくても母はひとりではない。

ドエルは自分の人生を諦めて、イレーナのためにも、ただひたすらにこの星で生きようと考えた。この星に四季があるのかどうかもわからないが、着のみ着のままでは寒さもしのげない。だから植物の繊維で服をつくって、穀物を見つけて食料を育てよう、などと考えていると、だんだんと気持ちが晴れてくるのだった。

ドエルとイレーナがこの星に降ろされてから、腕時計のタシケル時間では半年が過ぎていた。２人はまだ生き延びていた。

ある日、イレーナが「海を見たい」と言いだした。

海までの距離ははるかに離れていたが、２人はこの地に降ろされて以来、補給基地を初めて離れて旅立った。３日間歩き続けてようやく海岸にたどり着いたが、この星の海は青い海ではなく、タンニンの色に染まった赤黒い海だった。イレーヌは失望したが、しかし、海辺で大昔に墜落した戦闘機（宇宙船）の残骸を発見した。その中を探してみると、まだ使えそうな道具がいろいろ出てきた。それはほとんどが宇宙船の修理道具や金属や合成樹脂だったが、中には生活がグッと便利になるようなナイフや斧などがあった。

この戦闘機の発電機が寿命を迎えていたことから、この円盤（戦闘機）が、少なくとも5000年以上前に墜落した銀河連合の船であることがわかった。「これで木が切れるし、穴も簡単に掘れる」とドエルは金属の収穫物に満足をした。

イレーナは子供が欲しいといつも言ったのだが、しかし彼女はまったく妊娠しなかったし、また仮に妊娠したところでこの星には仮位相しか存在せず、赤ちゃんが生きられるはずもないのだった。

そうして1年が過ぎて、また次の1年も終わろうとしていたが、結局、この星に立ち寄る宇宙船はまったくいなかった。

「これは駄目だ」と観念したドエルは、神々と連絡を取って助けてもらおうと考えた。

来る日も来る日も神々を呼び続けた結果、やっと銀河の神々の1人と交信が通じた。その神に経緯を説明すると、クシケルの神々に救出を依頼してくれたが、肝心要の人間には伝わらなかった。

そこでドエルが自分の単独位相をこの星に運んでほしいと伝えると、それはすぐに了承されて、数分後にはドエルは自分の本位相と結合し、生き延びることができた。

しかし、イレーナは単独位相の持ち主ではない。神に相談すると単独位相を身につける資格がないとして断られた。本位相でなくても、なんとか霊界位相をこの星に運べないかと懇願しても、その願いは叶わなかった。

また、神にこの星の座標位を聞いてみると、この航路は科学調査船が使用する補給地であり、迎えなど永久に来ないことがわかった。

ドエルからすべての希望が吹き飛んでいった。彼は生きる意欲をなくしてしまった。

「この星で自分1人が生き残ったところで、それにいったいどんな意味があろうか？　この私に罪があるのか⁉　私はイレーナを愛してここまで彼女を守り続けてきた。イレーナが死ぬならば私も一緒に死ぬ‼」

ドエルはあらん限りの声を張り上げて神々に訴え続けたが、神々からの返答はなかった。

イレーナは次の年まで生き続けたが、その後は急速に生命力を落として、ついに息絶えた。ドエルは最後までイレーナを見届けて、それから海に向かって歩き続け、ドス黒い海の中に身を投じ、その儚《はかな》い一生を終えた。

果たして、神々が言うところの「人間の罪」とはいったい何であろうか。

理論的に考えれば、2人は何の罪も犯していない純然たる被害者であり、不条理な刑罰を受ける理由はどこにもなかった。

事件の原因をつくったのは、あくまでもイレーナの父親であって、裁かれるべく相手は父親でなければならないはずである。だから神々にとってみてもこの事件の主役は父親であって、父親の犯した罪の被害者がイレーナとドエルなのである。イレーナとドエルはこの件では脇役にすぎない。

実は、イレーナは、父親が殺された時点で「生きる屍《しかばね》」となっていた。彼女はドエルがいるから生かされていたにすぎなかった。

神々の思惑は、イレーナが息を引き取った後、救出船を向かわせてドエルを救出するというものだった。神々は、我が子（イレーナ）の最後を、霊魂体と変じた父親に見せて、己の欲望のために犯した罪がいったいどれほどの迷惑を周囲に及ぼしてしまったのか、イレーナの父親にわからせようとしていたのである。無論、ドエルの自殺は、神々としては想定外だった。

もし、この2人が無事に救出されてハッピーエンドで終わる物語ならば、そこにいったいどんな「学び」があるだろうか。

イレーナの父親は自己が犯した罪を簡単に認めて、それを自己の「死」をもって償ったと勘違いしていた。だからこそ、神々は何がなんでも娘の死に様を父親に見せつける必要があったのである。「お前はお前の娘まで殺したのだ」と。

生命というものは、連続的に輪廻するもので、「肉体死」で完結するものではない。死んだはずのドエルとイレーナも、またイレーナの父親も、全員があの世で生きているのである。

もちろん、罪を犯した父親は神々に獄縛された身の上であるが、2人は事件のおかげでめぐり逢うことができて、そして愛しあうことができた。

この世では壮絶な結末を迎えてしまうという悲劇の中に咲いた愛の物語であったが、そもそも父親が事件を引き起こさなければ、2人の物語は生まれなかったのである。

父親の処分は霊界の流刑地処理だったが、イレーナもドエルも罪は問われず、通常の輪廻処理だった。

輪廻処理の前に、神々はイレーナとドエルの霊魂体を対面させて再会させてくれた。そして2人はそれぞれの記憶を初期化されて、再び輪廻転生の途についた。

もしあのとき、ドエルが自暴自棄にならなければ、最終的にドエルは救出されて、まったく別の人生を送っていただろう。

テニネからの脱出

いまから約18万年前、アルデバランの惑星テニネが、かつてないほどの異常気象に見舞われた。

コアの燃焼率から、テニネの惑星寿命が残り少ないことはすでにわかっていたことであるが、惑星の力場や磁場に大きな変化が見られなかったことから、また移転先の惑星がすでに準備されていることから、民衆がうろたえ騒ぐことはなかった。

しかし、次の年も異常気象が続き、その翌年にも続いて、わずか数年間で急速にテニネの力場が衰えはじめたことから、あと30年は大丈夫という専門家の予測は無視されて、神々の指揮のもと、移転作業が次々と敢行された。経験上、惑星の終わりはあっと言う間に訪れてしまうもの、28億の人間の命を危険にさらすことはできなかった。

移住先は烏座δ星（アルゴラブ）であった。この星は昔からのアルデバランの属国であって、女王ナクムの時代にアルゴラブ星人が滅び去った主人なき星だった。そもそも、アルデバラン星人は銀河系のあちこちの星に大量の移住者がいて、本国に残っている人口数はわずか28億にすぎなかった。しかしその28億人を移住させるとなると、神々の作業的にはたいへんである。承知のように、仮位相では人間の命は3年間しかもたない。テニネから本位相を直接運搬するか、もしくは位相転写作業を行わないと肉体は生きられないし、また新しい子供もつくれないのである。

銀河系の中で4人の女神を擁する唯一の星である「アルデバランのテニネ」、30万年以上にわたり女神がもたらす銀河の活性エネルギーがこの星には絶えず降り注いできた。テニネはアルデバラン星人の母星であると同時に、プレアデス連合の中心星であって、そしてまた銀河連合の首都星でもあった。そのテニネが星の寿命を迎えていた。連合国の多くは「首都」が移転するだけの話であり、星が替わってもプレアデス体制は変わらず、銀河連合が崩れるわけではないと軽く考えていた。

しかし、銀河の活性エネルギーとは、4人の女神を焦点にしてその惑星に入力されるものであるという事実は、実は神々でもよく知らなかったのだった。

位相の移転作業の際、創造主セザナ神が4人の女神の召喚命令をミトラ神に伝え、4人の女神達はそれぞれ突然の「死」を迎えた。

女神は、基本的に単独位相の生命体である理由から、肉体を失えば同時に魂体も破壊されて原型の「霊体」へと戻されてしまう。現世記憶は初期化されて、自分がどこの何者であるのか、何も覚えていない状態にされる。位相内に残る記憶は、年輪のように刻まれたアカシック履歴だけになる。

ミトラ神は当然、アルゴラブ霊界に女神達の位相を移し変えるものだとばかり思っていたが、意に反して、セザナ神の命令は「コップ座のβ星（ケウエグ、地球名称：アルシャラシフ）の第3惑星ニコギに4人の女神達の位相を設置して、誕生の準備をしろ」という内容だった。

コップ座には昔から人間が住む二つの星が存在し、これらの民族にはともに「57音言語」が移植されていた。

コップ座の二つ目の星とはコップ座ε星のことであるが、両星とも文明国ではなく「馬車」と「銃剣」の文明レベルだった。ただし「57音言語移植民族」という肩書である理由から、創造主特区ではないものの、これらの星は銀河連合のどの国にも属さない創造主専用の特別な領域だった。

ちなみにコップ座β星は連星であるが、主星のβ星Aの方にケウエグ星人が住んでいた。

「なぜ、アルデバランから非文明国のほうへ女神を移すのか」ミトラ神が創造主に対してその理由を尋ねてみたが、アルデバラン出身のミトラ神には明確な返答はもらえなかった。

かくして創造主の胸のうちは次のようなものだった。

「銀河連合を解体し、26音言語民族の文明を終息させて、初期の前座文明から後期の本命文明へと主権を移し変えていく、変革の時代を到来させよう」

セザナ神はそう目論《もくろ》んでいたのである。


テニネの移転作業は急ピッチに進められて、わずか5年間で人民の全員がアルゴラブへ移住した。ピエゲカ宮殿をはじめ多くの建物から人影が消えて、テニネは主人なき空虚な惑星へと変貌していった。

その次の年には大津波が発生し、大洪水や大旱魃《かんばつ》、大地震や竜巻や台風が無人の街を襲った。自然界が荒れ狂って熱波や寒波が交互に地表を襲い続け、移住からわずか4年後には惑星の重力場が崩壊し、残された動植物は完全に息絶えた。大気圏が急激膨張を起こして地表の空気がなくなってしまったからだ。

やがて地殻の大崩落が発生し、海も大陸もマグマの内部に引きずり込まれて、地表は燃えさかるマグマの海へと変じてしまった。

それから18万年後の現在、惑星テニネは濃硫酸の霧に包まれた金色に輝くビーナス星（金星のように役割を終えた星）の様相を呈しており、その表面温度は約600度、誰も近づくことのできない「死の星」へと変じている（テニネ霊界はそのまま残っている）。

ちなみに寿命を迎えた母星から全住民を他星へ移し変えたという成功例は、我々の銀河系ではテニネの場合も含めて合計で8例ある。

さて、4人の女神は銀河連合から消えてしまったものの、プレアデス文明と銀河連合とアルデバラン民族は相変わらず健在だった。

牡牛座から延びるオリオン街道（総延長3200光年）が銀河磁場圏の第6磁界にまで到達し、アリニラム連合国の縄張りの、はるか後方にまで街道が延長された。

銀河連合の多くの軍人達はアリニラム連合に関する知識は何もなかったが、幹部の司令長官達には賢人イサラの情報が行き届いており、連合国はオリオン街道に沿って多くの軍事基地を設けて戦闘機の増産を図っていた。しかし、連合国には革新的な推進器や加速器の発明がなく、せいぜい旧戦闘機の改良版しかつくり出すことができなかった。

ただし、戦艦の推進器は旧型のままだったが、新しい武器開発には成功を収めており、国籍不明の軍艦を十分破壊できる艦砲に全機が改良されていた。

銀河連合のそうした動きにいち早く気づいていたセザナ神だったが、兵力数が圧倒的に足りない理由から、予定を変更して勢力を増強するための準備作業を行っていた。

無類の戦闘好きであるセザナ神は、銀河連合との撃ち合いを楽しみにしており、「どこまで強くなったのか、この俺に証明してみせろ」と思っていたのである。

銀河連合は国籍不明の軍艦を一機でも撃墜することができれば、その撃墜機から彼等の推進技術を模倣できると考えていた。

ところが、一機たりとも撃ち落としたためしがなく、いまだに彼等の技法がチンプンカンプンの状態だった。

そこでエリダヌス・プレアデスの本拠地（クルサ）に出入りする敵艦を事故に見せかけて衝突させようと試みたが、相手の船足が速くて失敗してしまった。

次はアリニラムに事故機を装って一般商業船を侵入させてみたが、太陽系内に入ると同時に非情にも撃墜されてしまった。

許可もなく、うかつに創造主特区に近づくと撃ち落とされる場合もあり、時にはセザナ神の火球玉に追いかけまわされる場合もあって、人間が神々や創造主の情報を得ようとしても、思い通りには運ばなかった。


また神々のほうも創造主に関する情報はまるで知らされておらず、また知っていても、それを漏らすような真似は決してしなかった。

神々が創造主禁制を破れば、神々自身が召喚の憂き目にあうからである。

結局、連合軍が具体的な情報を得られるのは「龍神使いのイサラ」のみだったが、そのイサラも火球玉で集落ごと焼かれて死んでしまった。


テニネから女神が消えてから、明らかに銀河の空気が変わった。

各天体の龍神島に封印されていたはずの天体龍神があちこちで目覚めて飛びまわるようになったし、また魔界の活動がドンドン活性化して、人間を欲望世界へと導き、その精神を腐敗させていった。

戦闘巫女達は「銀河のアザトフォース（銀河魔界）」が動きだして、いまや銀河全体を飲み込もうとしていると言って恐れおののいた。また「銀河連合が末路を迎えている」と言いだす巫女まで現れた。

神々は巨大な天体龍神が飛びまわることで萎縮状態となり、人間の問いかけにも快く応じなくなってきていた。

龍神は、人間には決して恐ろしい存在ではないが、霊魂体や霊体や天体神（成仏神）にとっては、こんなに恐ろしい存在は他にない。

アルゴラブで銀河連合の指揮をとる「銀河ファラ王」は、連合の協力体制が急速に衰えて、各国がバラバラに動いていることを憂慮していた。ファラ王の権威が隅々にまで行きわたらなくなってきたのである。

そこで前ファラ王が早期に退陣して、新しく女帝を擁立してみたが、大なる効果がなく、銀河連合の力は日増しに衰えていった。

ただ、連合軍の士気は高く、統制は依然として保たれていた。

コップ座の女神達

いまから18万年前、コップ座β星（ケウエグ）の第3惑星（ニコギ）に、初めて4人の女神が誕生した。

最初の女神は、惑星ニコギのアジア大陸（インド）に誕生した。

名前はユリア。父親は漁師で、ユリアは子としては三番目の長女として生まれてきた。

ユリアが誕生する以前、母親のお腹が大きいときに、集落の長老が、神からのお告げを両親に伝えに来た。その内容とは「額に印がある女の子が生まれてくるが、その子は神の子であって、お前達の娘ではない。その子を満6歳まで育てたら王朝からお迎えが来るから、その子を王に渡すように。王朝からはそれなりのお礼がなされるであろう。よいか、不慮の災難には気をつけて、大事に育てるのだ」というものであった。

母親は目を丸くして驚いたが、父親は「俺の子供にそんな上等なガキが生まれるはずがない」と思っていた。

ところが、実際に生まれてみると父親は驚いた。両親とは似ても似つかない白い肌の可愛い女の子が生まれてきたからである。その噂が村中に広がって、ユリアの顔を拝みに来る人が増えた。「額の真ん中に、何か模様が見えるぞ」「この子はやっぱり神の子だ」ユリアを見た人々がそう語った。

ユリアが誕生して以来、大漁が続いて村は活気づいた。普段は沖合でしか釣れない高価な魚が沿岸で網で水揚げされるようになったし、また海藻類や小魚が増えて、痩《や》せ衰えた海底の様子が大きく様変わりをした。海が変化してきたのである。人々はこれをユリアのおかげだと考えた。

赤ちゃん顔がとれた幼少期のユリアは可愛い感じの女の子だったが、満5歳になると明らかに美人顔となって、両親は我が子と容姿を比較されて苦笑いをする毎日だった。

ユリアの2人の兄達もユリアをことのほか可愛がっていた。ユリアは手足が長く、動作や仕草が優雅な子供だった。ユリアの噂が広まって王朝に届いたのか、それとも最初から決められていたのか、ユリアが満6歳を迎えると、王朝からの使いの者が3人やって来て、ユリアを観察した。そしてその数日後には、王様自らがユリアを迎えにやって来た。そして、とんでもない額の金品と交換にユリアを連れていった。

不思議だったのは、ユリアが、家族との別れの際に涙こそ浮かべたものの泣き崩れなかったことだった。それはあたかも、王朝に連れていかれることに、あるいは家族と別れることに、不安や恐れを感じていないかのようだった。

ユリアをもらい受けた王様が言った。「これで我が国は1000年の安泰を勝ち取った」と。

二番目に誕生した女神は、惑星ニコギのアジア大陸（中国）で出生した。

名前はオーロウ。彼女は富貴名門の一族の長女として生まれてきた。

王朝の巫女が「オーロウ」の誕生を予見して、額から光を放つ「戦いの女神」が我が国に備わると王に進言したが、王は巫女の言葉を信じなかった。

「もし、この子を敵にまわせば、我が国はこの子に滅ぼされてしまう」と王を諫めた。

王はそれを笑い飛ばしたが、しかし巫女の言葉は心に響いていた。そこで旧家の貴族（オーロウの両親）を王朝に招いて、生まれた子供を見てみることにした。赤子の額には確かに印のようなものが確認できたが、光は放っていなかった。王はオーロウの両親に対してこう告げた。

「君達の一族は先祖代々、我が国に仕えてきた名門の家柄だ。巫女によれば、この子は戦いの女神だそうだ、その額に刻まれた印が女神の証らしい。承知のように、我が国はずっと他民族の侵略を受けてきた。神の力でも得ない限り、我が国に安泰という言葉はない。そこで提案なのだが、この子が満6歳になったら、この私の養女として王朝に迎え入れたい。当然、無償の話ではない」

それを受け、オーロウの父親が言った。

「この子にそんな能力があるとは思えませんが、王の頼みとあれば、この子をいつでも進呈したいと思います」

オーロウは長身の子で眼力のある大きな目をもっていた。可愛いという感じの女の子ではなく、大輪の薔薇《ばら》のような目立つ顔のつくりだった。幼児期が過ぎると顔が整ってきたのか派手さのある美人顔を呈してきたが、ユリアとは正反対の性質で、あまり笑わない女の子だった。

満6歳になり、いよいよ王家の娘として迎え入れられる日がやって来た。オーロウは最初は戸惑っていたが、すぐに義理の父親に懐いて、本当の子供以上に親密な親子となっていった。それは王自らが、戦いの話や国情の話を、まるで参謀にでも打ち明けるように、オーロウに言って聞かせていたからである。オーロウはいつの間にか国の内情に精通し、自分の国を守るにはどうしたらよいのかを考え始めていた。

オーロウが満12歳のとき、大国との戦闘が迫った。

巫女が「オーロウに龍神島を参拝させろ」としきりに進めることから、船を用意させて、王自身も一緒に同行することとなった。

龍神島は龍神に守られている島であり、神々の許可を得ずに島に踏み込むと龍神に魂をもっていかれるという恐ろしい伝説があった。しかし、龍神の力を借りねば大国に勝つ自信がない。王は「オーロウの力」を試すときがいよいよ訪れたと直感した。

龍神島に近づくと巨大な龍神が船の周りを飛びはじめた。巫女はオーロウを舳先《へさき》に立たせた。すると龍神達が次々とオーロウの体を貫通して飛びまわり、またオーロウも龍神の体を優しく撫ぜはじめた。

「おお、あの恐ろしい龍神達が、まるでペットのようにオーロウに懐いているぞ」と周囲が驚いた。

龍神島に到着すると、空の上から一条の光線がオーロウの体に照射されて、オーロウの額のマークが怪しく光りだした。その光にオーロウの体が反応し返していたのである。

「このことなんだ、光を放つとは」と王は感激した。

やがて見たこともない超巨大な龍神が天空から出現し、龍神島の空いっぱいが、その龍神の体に包まれた。

「おお、ムールオラクじゃ、太陽龍神までやって来たぞ」と巫女が叫んだ。

オーロウはやはり戦いの女神だった。

その年の冬に大国との戦闘が始まり、オーロウが王に伝えた。

「龍神達が猛吹雪を起こして敵軍を雪の中に閉じ込めています。こちらから攻める必要はないと思います。敵は攻めてこられませんし、こちらの軍勢も山には近づけません。春まで待ちましょう」

雪解けを迎えて敵陣に踏み込んでみると、何十万という兵士の遺体が谷を埋め尽くしていた。


三番目に誕生した女神は惑星ニコギのヨーロッパ大陸の南側（イタリア）で出生した。女神の名前はアネイル。両親は街で雑貨屋を営んでいた。

結婚以来、母親は妊娠をずっと願ってきたが、もう40歳という年齢になってしまい、子供のことはすっかり諦めていた。ところが突然妊娠して、ようやく待望の赤ちゃんを授かった。母親が「女の子が欲しい」と強く願っていたら、願い通りに「玉のように可愛い女の子」が生まれてきた。

アネイルの額に菱形のマークがあることを霊能者に指摘されるという形で、両親は、アネイルが満3歳になったときに初めて額の印に気づいた。しかし、それがいったい何のマークであるのか、その霊能者も両親も知らなかった。

アネイルは美人というよりも可愛い顔立ちをしており、赤ちゃんのときから笑顔の絶えない愛くるしい子供だった。いつもニコニコして人に愛嬌をふりまく大人受けのよい子供だった。女神の中では最も平凡で、さっぱり女神らしくない女神なのだが、庶民の中に誕生し、庶民に幸せを運んでくれるという、個人を対象とした女神だった。

お店に立つと、それだけでお客が増えるというアネイルは、繁盛の女神であった。そしてさらに、アネイルと会話をすると幸運が舞い込んでくることに人々は気がついていった。なぜか接した人間に幸運を与えてしまうという、そんな奇特な女神もいるのだから驚きである。

ある日、アネイルが店番をしていると、背中に不幸という文字が書いてあるような、悲しい顔をした若い女性が入ってきた。愛想のよいアネイルの顔を見ても気分が晴れないのか、目をすぐに逸らしてしまう。愛想を返せるような心境ではないのだろうとアネイルは同情した。何を買いに来たのかと思っていると、猫の人形を見はじめたために、これは失恋だろうなあとアネイルは思った。そこでアネイルは声をかけてみることにした。

「お客様、本物の子猫もございますよ、ご覧になりますか？」

「はぁ？」と言って、彼女が振り返った。

するとアネイルが本物の子猫を手に抱いていて、「ほら」と差し出して見せていた。それは店の裏で生まれた5匹の野良猫のうちの1匹だった。

するとその女性は、青ざめた顔に生気が漲《みなぎ》って、「まあ、可愛い」と言って子猫を抱き上げた。

「これは売り物ではないのですが」とアネイルが言うと、「この猫、私に売ってくれませんか」と彼女が言いだした。

「とんでもない、店の裏で生まれた野良ネコですから、里親募集中なんです。もらってくれるだけでもありがたい話です」

すると「私、今日から、この子の里親になります」と彼女は言った。

そんな気の利いた応対でお客と接することから、アネイルの人気は急上昇し、いつの間にか街の人気者になっていった。

「若いのに本当によく気がつく子ねぇ」「アネイルの顔を見ただけで気分が晴れたわ」「あの子は本当に頭の良い子よ、すぐ察してくれるのよねー」と、年寄りからは特に好かれていた。

アネイルは相手の気持ちを察する能力が高く、相手を思いやって決して傷つけることはなかった。出しゃばらず、押しつけがましくなく、またさりげなく、気の利いたことができる大人の女性だった。

四番目に誕生した女神は、惑星ニコギのヨーロッパ大陸の北側（ドイツ）で出生した。女神の名前はヒーラン。女神の中では唯一、結婚して子供を産める女神である（他の女神は子供を産まない）。ヒーランとは、早い話が「ニーデ」のことである。

すでに承知のように、ニーデとアネイルは正反対、ニーデは愛嬌をふりまくような腰の低い女性ではないし（頭が高い）、そもそも家庭内に引っ込んで外にはなるべく出たがらない性分の女神である。

彼女はいつも飛び抜けて美しい姿で誕生するが、超現実派であり、まずは家庭を切り盛りすることしか考えない女性である。小さな家庭でも、大きな家庭（国家）でも、自分が関わった家庭の台所を背負って立つ女性であり、相手の気持ちを察してやるなどという小細工はできない女神なのである。自分が規律をつくって、それを子供や亭主や家臣にも強要する強引な女性であって、国を預かっていない場合には国の情勢など無関係、とにかく自分の家庭を一番として、何がなんでも家庭は守り切るという戦士のような気質をしている。

今回の出生はアルデバランではないが、「ヒーラン」という名前で、ある国の皇室に長女として誕生してきた。

ヒーラン誕生時のこと、惑星ニコギ皇室専用の巫女が、慌ただしく皇帝に駆け寄り、孫の誕生を告げたのだが、そこには「何か」があった様子が見られた。その何かとは、誕生した孫娘の額には吉凶のマークが刻まれており、これは将来国運を左右させる女性であり、それが凶と出るのか吉と出るのか、大人に育ってみないとわからないという意味深な話だった。とはいえ、この子は長男夫妻の子供であり、皇帝にとっては最初の内孫であることから、子供を処分することなどできない相談であった。

皇帝が恐る恐る産婦の部屋をのぞいてみると、赤ちゃんの泣き声が聞こえ、思わず駆け寄って初孫を抱き上げた皇帝は、ヒーランが、赤ちゃんらしからぬ子供顔だったことに驚いた。髪の毛も歯もすでに生えそろっていて、おまけに目がパッチリと見開いていた。ただ泣き声だけが赤ちゃんだった。「おお、なんと美しい子であろう」と、皇帝は思わずつぶやいた。

「して、この印のことか」皇帝は巫女に確認し、額の印を認めた。だが、ヒーランに処分を下すことはなかった。

ヒーランはぐんぐんと成長し、それはそれは美しい女性になった。まだ若いのに落ち着きと貫禄があって、王妃としての気品が十分に感じられた。皇帝が感心したのは、その美しさもさることながら、相手が大人でも目を逸らさずに話をすることだった。

ヒーランが4歳のとき、待望の弟が誕生し、跡継ぎとしての王子が生まれた。姉弟の仲も良く、2人の子供達はすくすくと成長し大人になった。

ヒーランが満23歳のときに嫁入り話が来て、従兄弟相手に彼女は嫁ぎ、生家を離れた。その翌年、ヒーランに最初の子供が生まれたが、ちょうどその頃にヒーランの父親が原因不明の奇病に倒れて、母親も頭の病を発症して病床に伏した。だがこのときには、ヒーランの弟は元気であり、皇帝の後継者は決まっている状態だった。

ヒーランが2人目の子供を産むと、突然、弟が落馬で首の骨を折り、この世を去った。巫女は皇帝に入れ知恵をした。「こうなったのはすべてあの子のせいだ」と。

しかし、皇帝にはヒーランに罪があるとは思えなかった。彼女は両親の不幸と弟の不幸を本当に悲しんでいた。

ヒーランが生まれてからの巫女の助言には半信半疑の皇帝だったが、この国には女帝制度がないことから、ヒーランが産んだ長男を後継者にしようと皇帝は考えた。しかし、それには巫女が大反対をしたために、別な親族の子供を養子に迎えて跡を継がせることとなった。

すると、ヒーランの義理父（皇帝の弟）が憤慨して、親族同士の両家の抗争へ発展してしまった。

さて、ヒーランは、皇帝の権利や財産の分与など、「そんなもの」には一切の興味をもっていなかった。彼女は愛する子供達と愛する旦那がいれば、それで満足という女性なのである。さらに自分の子供に皇帝になってもらいたいなどとは微塵《みじん》も考えていなかった。それなのに、あの巫女は私を悪魔に仕立て上げている。ヒーランはそのことに気づいて憤慨した。

ヒーランがそう感じた次の日、巫女の死体が黒焦げの状態で見つかった。

皇帝は、この事件に末恐ろしくなり、自分の孫娘「ヒーラン」に対して刺客を送った。するとその行動にヒーランが逆上し、今度は皇帝自身が黒焦げの状態で見つかった。

これにより、これまでの皇帝制度は廃止となり、「ヒーラン」が初の女性皇帝に君臨することとなった。

ヒーラン（ニーデ）はどの星に誕生しても、家族的な不幸からまぬがれることがなく、いつもお乳を丸出しにして業務を行っている女神なのだが、ニーデが誕生すると往々にしてこうしたパターンをたどることが多いために、女神なのか悪魔なのかよくわからないという生命でもある。というよりも、勝手に女神のパターンをつくり出して、いつも通りに事を進めようとする創造主のほうがどうかしていると思われる。

これらの4人の女神達は、かつてアルデバランのテニネで生まれ変わりながら、30万年以上にわたってそれぞれの地域で活躍してきた。

テニネが滅んでからは、ケウエグのニコギに移されて、今度は57音民族の中で約17万年間にわたって活躍した。

これらの女神が聖地・地球に移されたのは、いまからわずか4000年前の話である。地球での女神達の主要な舞台はその大半がヨーロッパだったが、前述の通り、いま現在は4人とも龍神島(日本国)に移されている。

アネイルとニーデは札幌市在住であるが、オーロウは福岡市に在住し、またユリアは神戸市に在住している。4人とも360年前はヨーロッパに生まれていたが、今回は特別に、そして意図的に、龍神島に集められている。

その理由は、日本国の活性のためではなく、彼女達を他星へ移住させるという目的で、連れてこられているのである。

西暦2023年現在、太陽系第3惑星地球の龍神島には、世界の優秀な人材のほぼ全員が集められており、我々には彼等を無事に他星へ脱出させるという責務が課せられている。

第九章　銀河連合の衰退

・宇宙の流れと銀河連合の崩壊プロセス
・絶対支配と恐怖政治――「創造主一神教」の始まり
・「すべての人間は神のもとで平等である」概念の移植
・人間の基本的な欲望を強制的にシャットアウトする実験と、その結果

前座文明と本命文明

現在の地球人と比較して、プレアデス連合が存在した時代の銀河人の科学技術は、ずいぶん発達していた。しかし、科学者や技術者は社会的に高い地位になかった。なぜなら銀河人は物質科学の限界を知っており、科学を超えた世界を、神界との共生を通して実際に体験しているからである。理論物理学者や数学者という存在はなく、科学者も技術者も医学者も同等な扱いだった。

そもそも専門家に聞いたところで、まともな答えなど出てこない。病気になっても、医者は大半の病気を治せない。それならば神々に聞いたほうが早いし、また神々に体を治してもらったほうが早いのである。

なぜならば人間はアストラル分野に手が出せないのだから。それに神々の力を借りないと、生身の体を有した人間は、基本的に宇宙空間には出られない。だからこそ、地上の人間達は、大量の人材を神々の世界へと送り込んで、神々からの恩恵を優先的にいただこうと考えた。

プレアデス政権が長く続いた最大の理由は、神界の実権を握っていたからに他ならない。いまの地球人は、創造主の存在や神々の存在をないがしろにして、物質科学の専門家を神様のごとく崇拝している。だが、それは根本的に間違った考え方である。なぜならば専門家も無知な1人の地球人にすぎないからだ。


銀河人は神界に精通しており、霊界の常識については誰でも熟知している。生命位相のことも、ズザネ管やタボ線のことも、あるいは電子バイオンやサイ粒子バイオンのことも、あるいはテトラ体やヒールのバイゾンのことも、それらは教科書に記載されている基礎的な知識である。

人体の7割がアストラル物質で構成されていることも、人間が肉体を失っても意識(生命)をなくしたことにはならないことも、銀河人ならば誰もが知っている当たり前の常識となっている。

銀河空間を宇宙船で飛び交う人間は、すでに銀河空間で心を営む成仏神(即身同会者)であり、彼等は戦争で命を落としても、今度は神様の一員として祖国を守るという使命を抱いていた。宇宙空間とは元々、生死を超えた世界なのである。

しかし、神様という存在も、元の意識をただせば単なる人間である。

この宇宙には元々、創造主と天体十二神と龍神しかいなかった。

人間の霊界管理を人間自身の手に任せて、神と人間の関わりを強め、全体的な境涯アップに繋《つな》げようという目的で「神々体制」がつくられた。

かくして神々体制が発動されてから30万年の月日が流れてみれば、多くの銀河人が死んで、神として活動をしていた。ちなみに最盛期には天の川銀河系の明王神の数は20兆人をはるかに超えていたほどである。


いまから16万年前、「プレアデスの神々がオリオン人の願いを快く引き受けないために、オリオン人はオリオンの神々に頼もう」といったような差別待遇が日常化し、神々の世界が急激に腐りはじめた。

神々の腐敗と堕落に頭を痛めた創造主セザナ神は、封印していた龍神達を解き放ち、神々の管理に乗り出した。神々が堕落すると、地上の人間達も腐りはじめるからである。

プレアデスによる長期支配体制から、神界でも、地上世界でも、さまざまな「ほころび」が生まれ、銀河連合そのものを刷新しなければならない時期が到来していた。

当初、銀河連合の平和ボケを解消させるために、脅しのつもりで送り込んだアリニラム軍の宇宙船だったが、これにより「もはや、ここまで」と判断したセザナ神は、物理的に銀河連合を打ち破ることを決意したのだった。

創造主は生命霊界の実権を握っている。であるからその惑星の生物を一瞬にして根絶やしにすることができる。それればかりではない。如来界や菩薩界の神々ですらも一瞬で消し去ることができるのである。

創造主の「伝家の宝刀」とも言える最終手段をとるまでもないが、前座民族（26音言語民族）の繁栄に限りが出てきた理由から、そろそろ本命民族（57音言語民族）を起こさなければならない時代を迎えていた。

それが創造主の本音中の本音である。

だがこの時分まで、天の川銀河人類に対して多大な貢献を果たしてきた「偉大な民族」をけんもほろろに滅亡させることはできない。

特にプレアデス連合国に関してセザナ神は愛顧の情をもって育ててきた。彼等はたいへんお利口ちゃんな優等生であり、完璧と言えるほどの理想的な民族だった。何も悪いことをしていない我が子を直接手にかけることは親としてはできない相談だが、他民族との戦闘で彼等が滅ぶならば、これならば筋が通る話である。宇宙に在する人間王国そのものが、実は軍事教育の場であるという観点からみても理に適《かな》った選択肢である。

だからこそセザナ神は、アリニラム人に対してコツコツと戦闘準備を行わせ、銀河連合と対等に張り合える軍事力を持たせようと考えたのだった。

アリニラム星人は、セザナ神の前宇宙の言語である「神語（カタカムナ言語）」を話す57音言語民族だった。セザナ神は約8万年間の歳月をかけてアリニラム連合国をつくり上げ、銀河連合が絶対に勝てない超大な軍事力を準備させていた。

創造主の胸のうちは、一挙に26音民族とその文化を銀河系から一掃して、新たに57音民族の興隆とその文化の発達をうながす、という合理的な発想だった。

しかし、神々の99・99パーセントが26音民族で構成され、また文明人の99・99パーセントが26音民族という、その如何《いかん》ともしがたい厚い壁に突破口を切り開くのは容易なことではなかった。

はっきり言って、セザナ神が57音民族の移植に「遅れ」をとってしまったのが、すべての根本原因であって、ここまで前座文明をはびこらせてしまっては、もはや手遅れ状態、それは火を見るよりも明らかだった。

はなから前座とわかっていたのに、それに手をかけすぎたばかりに、セザナ神は本命を芽吹かせる余地をなくしてしまったわけである。


動物を進化させてつくり上げる人間生命から「動物時代の垢《あか》を落とす」には、べらぼうな時間を要する。どの星でも、猿を人化させてから2500万年〜2800万年くらいの、たっぷりとした時間をかけないと「人間らしい」人間にはならないものだ。

地球人の場合は、地球が聖地である理由から、例外的にわずか550万年前に猿を人化させたが、26音民族の大半は2500万年前から誕生していた。

その時代にセザナ神は、アークトゥルスなど三つの星に57音言語を移植して育てたものの、これらの星々は三つともが原子力発電を行い、いずれも結果的に、放射線公害により、銀河レムリア期（50万年前）の間に滅んでしまった。

他の星では、アリニラムが700万年前に人化を行い、コップ座の二つの星は1000万年前に人化したという未熟な状況であって、明らかに57音言語の移植数が足りない状況だった。

優れた言語を話しても、人間自体が完成していない（人間経験値が足りない）場合、まともな文明を築き得ない。それでも人間を「ヒューマノイド」に仕立て上げれば、なんとか創造主の用事を行えるレベルの民族にはなれるのだが、しかしそのヒューマノイドにしても3割程度しか使用できないというのが現状だった。

いまから18万年前、アルデバランのテニネに惑星寿命が訪れたのは、時代を刷新する絶好の好機だった。

セザナ神は4人の女神をコップ座に移し、またオリオン街道の完成をうながしてアリニラム軍の軍備の増強に専念した。

当時の宇宙船数は三つの星を合わせても700台足らずだった。それに対して銀河連合は個々の星単位に軍隊を備えているばかりか、別に連合軍という大組織があって、そこには800万機の戦闘機が用意されていた。

アリニラム軍の戦闘機は最新鋭の「NBEエンジン（ニビエ回転差力学推進装置）」であるが、連合軍側は旧型の「DHエンジン（重水素炭酸ガス推進器）」で、それに加速器がプラスされた戦闘機だった。前者は光速度の3000倍出力、対して、後者は光速度の700倍であり、最高出力には大きな性能差があったが、しかし太陽系の系内ではそんな速度では走れないために、やはり性能だけでは優劣は決められず、台数差が大きくものを言っていた。

両軍はいまから14万年前に衝突するが、このときのアリニラム連合の戦闘機数は約500万機、一方、連合軍は約900万機だった。


銀河連合（197カ国）の本部が鳥座のアルゴラブに移転してから、銀河ファラ王の権威は低迷を極め、昔のプレアデス連合国の中からも銀河連合に反旗を翻《ひるがえ》す国が現れた。いまから約16万年前、最初に連合政府から離脱したのは、連合第2位に位置する猟犬座β星（カラ）のバイヌ星人と、連合第3位に位置する白鳥座のカイブク星人であった。彼等は連合政府の軍事協定を破棄したわけではないが、経済的な独立を図って他国と別ルートで組合組織をつくっていった。それがいわゆる「ネワブジ連合」であり、最終的には84カ国の同盟組織となった。

次に離脱したのが水瓶座ε星のアルバリ星人で、やはり軍事協定は破棄していないものの、経済的には連合政府から独立して独自の道を歩んだ。これがいわゆる「ヒヨケイ連合」であり、彼等は最終的には12カ国の組合組織となった。

また海蛇座のルイム星人も同様に独立して「ルイム連合」を構築し、6カ国の組合組織をつくった。

そしていまから約15万年前、一番最後に連合政府から離脱したのがオリオン座のベテルギウス星人であり、軍事協定は破棄していないものの、6カ国による共同組合「ベテルギウス連合」をつくった。

こうして銀河連合政府（197カ国）からは、約半分（108カ国）の離脱国が生じたが、依然として89カ国が銀河連合政府を維持しており、さらに銀河連合軍に関しては、昔と変わらない勢力を維持していた。

その理由は、やはりアリニラム連合軍に対する脅威であって、戦闘は避けられないという共通認識を一様にもっていたためと思われる。当時は、アリニラム艦隊が数千台もの大群で定期的に領空侵犯をくりかえしており、オリオン街道は一触即発の状況だった。

実は、銀河連合国が五つに分裂したのには理由があった。「イルカ座の賢人（イサラ）」の情報が軍部から漏れ、いまやどの国においても「アリニラム軍とは〝創造主軍団〟である」という事実が知られていたのである。

創造主を相手に戦ったところで一円の得にもならないし、第一、勝てるわけがない。それに創造主の狙いは銀河連合政府、その中核を担うプレアデス連合国である。銀河連合政府に加担していれば、たとえ戦争する意思をもたない国であっても一緒に焼き払われてしまう。創造主は、別に軍隊を出動させなくても惑星ごと丸焼きにできるのだから、そもそも人間が戦える相手ではない。だから、いまのうちに連合を離脱して、戦争になったら不参加を表明すればよい。それが離脱していった国々の考え方だった。

――実は、これも神々を介したセザナ神の誘導工作であった。多勢の連合国相手では、一度で捌《さば》けない理由から、プレアデス連合と関わりが薄い半分の勢力を離脱させ、戦いやすいように仕向けたのである。これには無論、アリニラム軍に忠誠を誓えば攻撃はしないという条件付きの裏協定があった。

しかし、ベテルギウスの独立を最後に、連合国から抜け駆けする国は現れなかった。プレアデス連合を基盤とした昔からの銀河連合国は、セザナ神の予想を上回るほどの「固い絆」で結ばれていたのだった。

プレアデス連合の信念は以下のようなものだった。

「我々は創造主や神々の意に反する行為をこれまで一度も行ったことがない。すべて神の御心のままに生きてきた。もし我々に非があるとするならば、それはたぶん、戦いをなるべく避けてきたという平和外交の姿勢であろう」

「平和は人間を堕落に導くと、神々からは何度も警告を受けてきた。もし神がプレアデスに対して失われた戦闘精神の復活を望んでおられるのならば、我々は戦いから逃げるような真似はしない、試練の壁に潔く立ち向かっていくだろう」

これらの言葉は、いまから14万年前に、最後のプレアデス皇帝である「ミニキヌイ・ミエケイゴキ」が連合議会の席上で述べた一節である。もし、プレアデス出身の神々がこの話を耳にしたら、思わず涙してしまうような、なんという素直で健気な民族であろうか。

中間管理職である神々としても、セザナ神が何を求めているのか、その本心がわからないゆえに、人間界との狭間に立たされて心を痛めていた。

一方で、セザナ神もまた、神々に対し「26音言語民族はもう要らない」とは決して言えなかった。

そんな状況の中、一枚岩に固まっていたはずの銀河連合国（89カ国）の中から、一国だけ背信国家が現れ、突然「我々は戦わない」と連合を離脱した。

これを受けて、当然ながら「この期に及んで、尻込みか」とセザナ神が烈火のごとく怒りだした。

この民族は、ポンプ座のθ《シータ》星（ミエガムイ）の民族であった。同星は、その翌日に、数千万個の火球玉が次々と降り注ぎ、たった1日で人類の大半が焼死した。

その凄まじい殺戮劇の報告を受け、連合国民の背中には一本の物差しがピンと入ったようになり、潔く戦おうという気風になった。

前方にはアリニラム軍。後方にはセザナ神。逃げ道などなかった。

銀河皇帝はついに決断し、銀河連合軍に対してアリニラム軍掃討命令を発令するのだった。と同時に連合政府の加盟国もそれぞれ戦闘体制に入り、軍事工場を一斉に稼働させ、アリニラム軍を迎え撃つ準備が始まった。

開戦

戦争の火蓋は切って落とされた。

それはオリオン街道の先端部から始まった。

銀河連合軍は、8カ所の太陽系に前戦基地を設けた。それによりアリニラム包囲網はすでにでき上がっていた。

銀河連合軍はこの地域に500万機の戦闘機を送り込んで、系内戦争に持ち込んだ。太陽系内ではアリニラム戦闘機の持ち味が発揮できないからである。というよりも、この方式がプレアデス艦隊の伝統的な得意技だった。

最初は互角以上に渡り合っていたが、徐々にプレアデスが劣勢になってきた。というのもアリニラム軍が新しい防御バリアを開発したことから、何発も撃ち込まないと撃墜できなくなってきたのである。

また彼等は銀河連合軍のバリアを分析して、その効力を弱める力線を開発したのか、連合軍は敵の艦砲一発でやられるようになった。まるで船に技術者が乗り込んで改良し、常に弱点を補正しているように見えた。銀河連合軍は、その高い技術力には舌を巻く他なかった。

そこで連合軍側も撃墜した敵機を本国に持ち帰り、推進装置の研究を始めた。また連合国も一斉に戦闘機を増産しはじめ、常に前戦に供給していた。

アリニラム軍は、連合軍が予想以上の抵抗を見せたことから苦戦を強いられたが、しかし前戦部隊との張り合いはほんの一部にとどまった。

アリニラムの本軍（200万機）は独自の航路を開発していたのか、包囲網を迂回して、街道を経由せずに、連合本部のあるイルカ座のドニチゼブズへ向かっていた。当然、航行センサーが設置されている街道を飛べば、アリニラム軍の存在はすぐにバレてしまうのだが、別な航路から侵入すれば銀河連合軍が気づいたときにはもう遅いということになる。これにより恒星ドニチゼブズの11カ所の前哨基地はあっと言う間に破壊され、連合軍本部は木っ端微塵に破壊されてしまった。

これには当然、周辺の基地から連合軍の迎撃機が発進し猛攻撃を加えた。しかし目的を果たしたアリニラム軍は、ろくな応戦もせずにフル速度で街道を下っていった。アリニラム軍も戦闘機の増産の最中であって、台数の関係上、無理な攻撃はできなかった。

連合軍本部がやられたことから、連合軍の総司令部は、アルゴラブにある連合本部に移された。

セザナ神は「なかなかやるなぁ」と連合軍側の思いがけない奮闘を喜んでいた。そしてアリニラム軍に対しては「もっと頭を使え、馬鹿どもが」と叱咤激励を飛ばすのだった。

銀河連合の多くの戦士達は「この戦争は創造主が我々に与えた試練である」と解釈していた。アリニラム軍を倒せば、創造主はきっと我々を認めてくれると、大半の人間がそう受け止めていた。逆にこの戦闘から逃げ出せば「敵前逃亡罪」で死刑になる。戦わない限り生きる道はなかった。連合軍の兵士達も半端な覚悟ではなかった。仮に死んだとしても、戦った者には成仏の道が開かれるが、逃げた者には来世がない。だからやり遂げるしか道がないのである。

一方、連合側の技術者達はアリニラム戦艦の「ニビエ回転差力学推進器」の研究に余念がなかった。だが、どんなに頑張っても同じエンジンを新たにつくり出すことができなかった。しかし外傷がほとんどないエンジンを補修して、それを連合軍の戦艦に取り付けることは可能だった。そうして数百台の高性能戦艦をつくり出した。またアリニラム機の防御バリアを研究して、それと同等なものをつくり出すことには成功を収めた。アリニラム軍も新しい武器やバリアを次々と開発してくるが、連合軍側がそれらをすぐに模倣して、同じものをつくってくるといった状況だった。

こうしてアリニラム軍と連合軍は互いに膠着《こうちゃく》状態に入り、戦火は徐々に長期化していった。

戦争を意図的に延ばしていたのはセザナ神のほうだった。

セザナ神が戦争を楽しんでいたとも解釈できるが、実は、セザナ神は五つの創造主特区で恐ろしい研究開発を密かにさせていたのである。

たとえば、一つの創造主特区にはアストラル円盤が装備されており、肉体をもたない霊魂体宇宙人がつくられ、「宇宙昆虫魂」という人間に対する武器が開発されていた。またある特区では「物質貫通弾」という対人間用のアストラル武器と、さらに電子機器を破壊する力線砲がつくられていた。

さらに、アリニラム軍の三つの星は、合計600台のアストラル戦艦で防御されていて、銀河連合軍の奇襲にも万全の備えがなされていた。


ある日、銀河連合軍側の決死隊が、アリニラムに奇襲作戦（街道を通らない）を敢行したが、系内に突入する以前に、500機が苦もなく撃墜されてしまった。そこにアストラル戦艦が待ち構えていたためである。

敵艦も確認できないうちに、後から来た戦闘機も含めて撃ち落とされ続けたことから、連合軍は、アルニラム惑星本部への奇襲攻撃を諦めざるを得なかった。

ちなみに連合軍が敵艦を認識できなかった理由は、当時の宇宙人達に「アストラル円盤」や「霊魂体宇宙人」といった知識がなかったためである。

これに対し連合軍側は、とりあえずアリニラム包囲網を充実させて、閉じ込め作戦に成功した。アリニラムが使用した抜け穴航路を探し出し、そこに航路センサーを設置して敵艦が通るとすぐにわかるようにしたのだ。そのため、アリニラム艦隊は犠牲を払わないと外には出られないようになった。

表向きにはこうした膠着状態が長く続いたが、実際にはアストラル円盤が、街道を自由に行き来していた。

セザナ神は、密かにアストラル円盤を使用して、連合軍88カ国の母星に物質貫通弾装置を設置し、宇宙昆虫魂攻撃を開始した。

物質貫通弾とは、はるか上空から地上に無差別に撃ち込む「ヒールの破壊弾」のことであり、これに当たると人体ヒールに穴が開く。

また宇宙昆虫魂攻撃とは、昆虫の魂体を加工して集めたもので、それを直径30センチくらいのミニ・アストラル円盤に収納して、地上に昆虫魂を送り出す。ミニ・アストラル円盤が地上でパカッと開くと無数の昆虫魂が人体の中に突き刺さっていく。これらを人体が大量に抱えてしまうと、神経通電や血流や臓器機能に異常が出てくるという、人類抹殺用の武器なのである。

セザナ神は試練を与えているのではなかった。連合民族の抹殺を、密かに行っていたのだった。

セザナ神が創造主特区で使用しているアストラル宇宙船の数は約1000機、アリニラムの物質円盤が出られない期間は、これらの作業船が隠密の内に作業をしていた。

軍事基地はもちろん、アルゴラブ、ズジゼブハ、ミデゼヌザ、ツギコ、アルビレオ、トゥバン、クシケル、ヨイスなどの大都市にも宇宙昆虫魂が撃ち込まれ、また仕掛けられた物質貫通弾装置は数秒単位で惑星人類に照射され続けた。人々は次々と倒れて命を失っていった。またアストラル円盤からは開発したばかりの力線砲が放たれ、これを照射された宇宙船は生命維持装置が壊れて、乗組員は戦わずして死を迎えた。

やがてオリオン街道の最前線の基地もアストラル宇宙船に襲われて、多くの者が突然命を落とした。こうしてまことにあっけなく銀河連合諸国（88カ国）は壊滅し、生きている人間はほとんどいなくなった。

この戦争では約3000億人もの人命が失われた。

惑星に設置したアストラル武器を取り外した後、アリニラム連合軍が無人のアルゴラブを占拠した。そこには最後のプレアデス皇帝の亡骸《なきがら》もあった。

これに驚いたのは銀河連合から脱退した四つの連合組織だったが、銀河連合の代わりに新しくアリニラム連合が銀河の覇権を握ることに反対する連合組織は一つもなかった。

「なんと残酷な、何も一般人まで殺さなくても」と思わず漏らしたミトラ神に対して、セザナ神がこう言った。「俺は誰も殺してはいない。彼等は皆生きている。肉体をなくしただけだ。彼等は立派に戦った」

宇宙史に残る銀河連合（プレアデス連合）の残虐物語――あのプレアデス連合がこんな終わり方をするなど、いったい誰が予測できただろうか。

魔王セザナ神の卑劣な手口に唖然《あぜん》とした神々だったが、セザナ神がアリニラム軍の犠牲を惜しんだ理由は、連合軍と連合政府がなくなった戦後の銀河系を管理する人間の頭数が足りなくなることを計算したからだった。

その後、アリニラム軍がすべての惑星に降り立って、人類に対する事実上の実効支配（絶対支配）が始まった。

これはいわゆる、創造主が人間世界に降りてきて直接人間自体を支配する（人間の好きなようにはやらせない）という恐怖政治の始まりだった。

銀河連合を離脱した四つの連合組織も、アリニラム軍に支配されて、執行部はすべての権限を失った。

アリニラム軍が最初に断行した改革は、プレアデス伝統の「階級制度（ヌネアヒ制度）」の撤廃だった。

「すべての人間は神のもとで平等である」という概念を移植してのことだった。

プレアデス・ラプソディ

いまから約12万年前、我々の銀河系は、アリニラムの絶対政権下において、たいへん厳格な人間社会が築かれた。

人間の自由行動がほとんどできない、息が詰まるような社会だった。現在、地球のイスラム世界をさらに厳しくしたような社会構成であり、人々は1日3度、創造主に対する礼拝を強要された。早い話が「創造主一神教」の始まりである。

人々は創造主セザナ神を崇《あが》めて、その宇宙知識を修学し、その教えにしたがって生きた。神々とは創造主の代弁者にすぎなかった。人々が学んだ知識とは創造主世界の知識であり、高天原に住まう天津三神の神話や、我々の大宇宙の天体構成や、生命体の発生など、現在の「宇宙生命論」と大して変わらない内容の宇宙真理を学校で学んだ。


この頃の文献が地球の各地にも残っていて、それは古事記などに象徴される内容であった。したがって優秀な生命が次々と誕生し、科学も急激に発達した。昔と比較するとその効果は桁違いだった。


しかし、信仰と修学の世界に生きている人々の眼は（地球人的に表現すれば）死んでおり、精気がまったく感じられなかった。この理由は、人間の基本的な欲望を強制的にシャットアウトしたためであった。

「これなら、まるでヒューマノイド（操り人形）だ。さっぱり人間らしくない」

それが神々の正直な感想だった。

この現象は、セザナ神にとっても頭を悩ます一番の問題だった。世代交代をくりかえすうちに、ヒューマノイドではないはずの純粋な人間が、だんだんとヒューマノイド風に育っていくのである。側から眺めても「さっぱり面白くない」冷《さ》めた機械のような人間を見て、セザナ神は人間を育てる難しさを改めて痛感するのだった。

銀河のアリニラム政権時代は約8万年間（いまから4万年前まで）に及んだが、その期間はセザナ神にとっても、人間の在り方について改めて考え直す良い期間となった。プレアデスの悪しき伝統である「階級制度」は決して認められるものではなかったが、しかしプレアデスが築いた文化には温かい血が流れており、26音言語民族ではあるものの、人間には絶対に必要な要素が多分に含まれていた。

セザナ神は改めてプレアデス社会の完璧に近い優秀さを思い知るのだった。

プレアデス民族は事実上、この世にはもう存在しないが、神々の大半がプレアデスの出身者であった。

さて、この物語は、前編（上巻）を終えて、後編（下巻）へと移る。

聖地民族である地球人は、プレアデス民族の教育を受け、プレアデスの神々によって育てられた。だから地球人は皆温かい心を有している。筆者自身もまた、それが地球人の誉れ高き遺産であると考えている。

いまの地球人に伝えたいこと、それは、未来宇宙の在り方は「プレアデスから学べ」ということであろうか。

下巻へつづく

銀河史［下］ベテルギウス民族とオリオン帝国　目次

銀河史（上）　資料

銀河史年表（上巻）

	2800万年前	天の川銀河系に人類が誕生
	2700万年前	プレアデス民族へセザナ神が言語教育を開始
銀河レムリア期	51万年前	琴座リラ　ベガ星人が銀河広域指定認可を受ける
	49万年前	カシオペア座　シェダル星人が銀河広域指定認可を受ける
	48万6000年前	プレアデスが常温超伝導π－チューブ、DH エンジンを開発
		第一次カシオペア戦争（カシオペア VS プレアデス）
	48万2000年前	第二次カシオペア戦争
		第312代アルデバラン皇帝が初代銀河ファラ王の称号を戴冠
		プレアデスが聖地守備隊として地球に入植
プレアデス期	45万年前	創造主直轄領の開始（プレアデスからカシオペア座、エリダヌス座、わし座へ）
	36万年前	地球にプレアデス言語居留区を建設
		プレアデスがベテルギウスへ入植
		オリオン小街道（350光年）を開拓
	35万年前	銀河連合の人口増加①：カニ座ズジゼプハ（ケオン）へ移住
	30万年前	銀河連合の人口増加②：カジキ座ミデゼヌザ（ネゲイ）へ移住
	28万年前	銀河連合本部移設：アルデバランからイルカ座ドニチゼブズ（グイフリ）へ
	26万年前	ベテルギウスが銀河広域指定認可を受ける
	25万年前	如来界第12位：弥勒如来（ミトラ神）、同第11位：普賢王如来（ミエル神）着任
	18万年前	オリオン大街道（3200光年）が開通……最終的には50万光年まで延長
		４人の女神がアルデバランからコップ座ケウエウへ移される
	17万年前	高天原創造主の定期査察：セザナ神の二点の失敗を指摘
オリオン期	14万年前	銀河連合とアリニラム連合軍の本格的な交戦開始
		地球に死者の里を建設
	12万3000年前	プレアデスによる地球人啓蒙の終了
	12万年前	銀河連合陥落（連合国家解体）　アリニラム支配の始まり
	６万年前	エジプトのスフィンクス像（セザナ神像）建立
	４万年前	アリニラム政権の終焉
	１万8000年前	オリオン帝国が地球へ入植
	4300年前	４人の女神がコップ座から地球へ移される

備考	赤経	赤緯	距離（光年）
プレアデス名称：カマエ（α B とプロキシマ・ケンタウリは別物）	14^h 39^m 36.204^s	−60° 50′ 08.23″	4.39
プレアデス名称：リーギ	06^h 45^m 08.91728^s	−16° 42′ 58.0171″	8.6
	03^h 32^m 55.84496^s	−09° 27′ 29.7312″	10.489
	01^h 08^m 16.39470^s	+54° 55′ 13.2264″	24.6
	04^h 49^m 50.4130441527^s	+06° 57′ 40.596476791″	26.23
	05^h 54^m 22.98299^s	+20° 16′ 34.2220″	28.7
	13^h 11^m 52.39379^s	+27° 52′ 41.4535″	29.78
	07^h 20^m 07.37978^s	+21° 58′ 56.3377″	60.5
	08^h 18^m 31.55319^s	−76° 55′ 10.9964″	63.8
	04^h 35^m 55.23907^s	+16° 30′ 33.4885″	67
	12^h 29^m 51.85517^s	−16° 30′ 55.5525″	86.9
	05^h 07^m 50.98549^s	−05° 05′ 11.2055″	89
	20^h 37^m 32.94130^s	+14° 35′ 42.3195″	101
computer の精密電子機器、小型の機械部品	19^h 06^m 56.40897^s	−27° 40′ 13.5189″	122
	01^h 08^m 35.39148^s	−10° 10′ 56.1570″	123.9
	05^h 44^m 46.42^s	−65° 44′ 07.9″	145
	15^h 35^m 31.5790583432^s	−14° 47′ 22.360365363″	155
	15^h 11^m 56.16^s	−48° 44′ 15.7″	182
生物進化をまとめたアルマン・ドーブレの出身星	06^h 58^m 25.11^s	−34° 06′ 42.2″	760
	21^h 15^m 49.43^s	+05° 14′ 52.2″	186
	05^h 25^m 07.86325^s	+06° 20′ 58.9318″	250
	11^h 11^m 39.4817199946^s	−22° 49′ 33.045519470″	296
大型の機械産業	14^h 04^m 23.34995^s	+64° 22′ 33.0619″	303

銀河史（上）に登場する恒星系①

星座名		恒星名	惑星	惑星名
ケンタウルス座	α	αケンタウリＢ星（プロキシマ・ケンタウリ）	4	猿の星
大犬座	α	シリウスＡ	3	恐竜の星
エリダヌス座	ε		3	猿の星
カシオペア座	μ	マルファク	3	マイグ
オリオン座	π3	タビト		
オリオン座	χ1	カイ1		
髪の毛座	β	ナエオ	3	フイリエ
双子座	δ	ヨイス（ワサト）	3	ヒエキ
カメレオン座	α	ビエオカイン	3	カガ
牡牛座	α	アルデバラン	3	テニネ
烏座	δ	アルゴラブ		
エリダヌス座	β	クルサ	3	ギアク
イルカ座	β	ドニチゼブズ（ロタネブ）	3	グイフリ
射手座	τ	クシケル	3	ラエキ
クジラ座	η	デネブ・アルゲヌビ	3	ゴイウ
カジキ座	δ	ミデゼヌザ	3	ネゲイ
天秤座	γ	ズベンエルハクラビ	3	ヤガエ
狼座	κ	ケキイデー	3	オミン
艫座	τ	ミエグ	3	リミウ
子馬座	α	キタルファ	3	カウウ
オリオン座	γ	ベラトリックス		
コップ座	β	ケウエグ（アルシャラフ）	3	ニコギ
竜座	α	トゥバン	3	ナカチエ

備考	赤経	赤緯	距離 (光年)
	06^h 23^m 57.10988^s	−52° 41′ 44.3810″	310
	19^h 30^m 43.28052^s	+27° 57′ 34.8483″	330
ダフと妖精の物語の舞台	20^h 33^m 12.7719198^s	+11° 18′ 11.741187″	330
	19^h 46^m 15.58029^s	+10° 36′ 47.7408″	395
カニ座66番星	09^h 01^m 24.13^s	+32° 15′ 08.3″	509
	05^h 55^m 10.30536^s	+07° 24′ 25.4304″	548
	00^h 36^m 58.28419^s	+53° 53′ 48.8673″	590
	05^h 32^m 00.40009^s	−00° 17′ 56.7424″	690
	05^h 40^m 45.52666^s	−01° 56′ 33.2649″	700
	05^h 24^m 28.61672^s	−02° 23′ 49.7311″	1000
	05^h 35^m 08.27761^s	+09° 56′ 02.9611″	1100
	05^h 36^m 12.81335^s	−01° 12′ 06.9089″	1977
	17^h 20^m	+57° 54′	250000
	02^h 39^m 59.33^s	−34° 26′ 57.1″	460000
	05^h 14^m 32.27210^s	-08° 12′ 05.8981″	8630000
	08^h 22^m 30.8^s	-59° 30′ 34.1″	604
	03^h 47^m 00^s	+24° 07′ 05″	443
	10^h 08^m 22.31099^s	+11° 58′ 01.9516″	79.3
	16^h 41^m 41.634^s	+36° 27′ 40.75″	25100
	15^h 19^m 26.823^s	-07° 43′ 20.21″	20.24
	05^h 35^m 31^s	-05° 16.2′	1300
	17^h 33^m 36.52012^s	−37° 06′ 13.7648″	570
	11^h 24^m 36.61^s	−10° 51′ 33.8″	364
	12^h 33^m 44.54482^s	+41° 21′ 26.9248″	27.53
	22^h 16^m 50.03635^s	-07° 46′ 59.8480″	208
	09^h 44^m 12.13^s	−27° 46′ 10.4″	384

銀河史（上巻）に登場する恒星系②

星座名		恒星名	惑星	惑星名
竜骨座	α	カノープス	4	ヨア
白鳥座	β	アルビレオ A	4	アヨグ
イルカ座	ε	フイリ（アルダルフィン）	3	キア
わし座	γ	タラゼト	4	ケイヨ
カニ座	σ4	ズジゼブハ	3	ケオン
オリオン座	α	ベテルギウス	3	ブリキオ
カシオペア座	ζ	地球名称：フル	3	シェナ
オリオン座	δ	ミンタカ		
オリオン座	ζ	アルニタク		
オリオン座	κ	サイフ		
オリオン座	λ	メイサ		
オリオン座	ε	アルニラム（アリニラム）		
竜座		矮小銀河　DDO-208 星雲 恒星イゲエ	4	
炉座		矮小銀河　E356-G04		
オリオン座	β	リゲル		
竜骨座	ε	ヤブケー		
昴		プレアデス散開星団		
獅子座	α	レグルス		
ヘラクレス座		球状星団 M13：NGC6205		
天秤座		恒星グリーゼ581	4	b 惑星
		オリオン大星雲 M43		
蠍座	λ	ガイハ：地球名称シャウラ		
コップ座	ε			
猟犬座	β	カラ		バイヌ
水瓶座	ε			アルバリ
ポンプ座	θ	ミエガムイ		

プロフィール

先端技術研究機構上席顧問　KEN

銀河史（上）
プレアデスの繁栄と衰退

第一刷　2023年4月30日
第二刷　2024年10月10日

著者　先端技術研究機構

発行人　石井健資
発行所　株式会社ヒカルランド
〒162-0821　東京都新宿区津久戸町3-11　TH1ビル6F
電話　03-6265-0852　ファックス　03-6265-0853
http://www.hikaruland.co.jp　info@hikaruland.co.jp
振替　00180-8-496587
本文・カバー・製本　中央精版印刷株式会社
DTP　株式会社キャップス
編集担当　岡部智子

ISBN978-4-86742-239-7

ヒカルランド　好評既刊！

地上の星☆ヒカルランド　銀河より届く愛と叡智の宅配便

ソロンとカリン　龍神物語
著者：先端技術研究機構
四六ハード　本体2,000円+税